다정하고
무해하게,

팔리는
콘텐츠를
만듭니다

옥성아 · 채한얼 지음

● 　 나는 순한 맛 예능 피디로서, 동료들이 내게 위로하듯 말하는 "그런 콘텐츠도 필요하지"라는 말이 싫었다. 필요하다는 말이 꼭 진수성찬 위 구색 같은 맨밥에게 하는 말 같아서. 하지만 정말로 누군가의 '필요'에 닿으려 고군분투한 콘텐츠 제작기를 읽으며 그 말을 다시 돌아보았다. 맞다. 우리에겐 이런 이야기가 필요하다. 필요를 채우는 따뜻한 밥 한 그릇 같은 이야기가.

권성민 『톡이나 할까?』 피디

● 　 예능과 다큐, 뉴스와 라이프의 경계가 흐물해지고 있다. 그리고 이 조짐은 가속화될 것이다. 어쩌면 미래에는 콘텐츠 장르가 '포맷'이 아니라 '취향' 기반으로 구분되는지도 모른다. 「TV 동물농장」, 「SBS 스페셜」 등을 거쳐 디지털 콘텐츠까지, 우리네 일상다반사를 다양한 각도로 넘나들며 소통해온 옥성아 피디와 kt에서 다양한 킬러서비스와 콘텐츠들을 기획한 채한얼 과장은 취향은 파편화되고 장르는 융합될 '콘텐츠 컨버전스 시대'에 가장 포텐이 터질 기획자들이다. 그렇기에 이 책 『다정하고 무해하게, 팔리는 콘텐츠를 만듭니다』는 작은 취향들을 깊이 들여다보며 문화를 만드는 그들의 특별한 재주를 '은밀하고 위대하게' 배울 수 있는 기회가 될 것이다. 우리 모두가 각자의 소셜 미디어 세상에서 매일 피드를 올리며 '디지털 크리에이터'가 되어가는 지금, 이 시대에 꼭 필요한 책이다.

노가영 『콘텐츠가 전부다』 시리즈, 『유튜브 온리』 등 저자

● 　 정보의 홍수 시대를 살아가는 우리에게 꼭 필요한 지표가 되는 책이다. 단순한 정보 습득이 중요한 게 아닌, 그 정보를 해석하고 방향성을 가이드해줄 수 있는 리더가 필요한 이 시점에 옥성아 피디와 채한얼 과장은 그들이 지금까지 걸어온 삶과 경험을 토대로 콘텐츠의 가이드를 명확히 제시한다. 방송국과 유튜브, 그 혼란의 접점에서 여러분의 길잡이가 되어줄 이 책이 더 많은 사람에게 가닿기를.

박진호 뷰스컴퍼니 대표

● 　 유튜브에서 성공하려면 일단 콘텐츠가 매운 맛이어야 한다는 말을 들을 때마다 심장이 자르르해지면서 속으로 눈물을 삼킨다. 그저 착하기만 해도, 조용하고 얌

전해도, 콘텐츠 하나하나가 그만의 가치를 가지고 있고 선한 의지만 있다면 끝내 성공할 수 있는 곳이 바로 유튜브라고 외치고 싶은 적이 한두 번이 아니다. 그래서 이 책이 너무나 반갑다. '다정하고 무해한' 콘텐츠를 어떻게 성장시키고 강력한 커뮤니티를 만들 수 있었는지, 요란스럽지 않게 조곤조곤 그들이 걸어온 여정을 풀어낸다. 진심을 담은 콘텐츠로 승부를 보고 싶은 분들께 추천한다.

이현진 유튜브 코리아 콘텐츠 파트너십 총괄

● 아무거나 보는 사람은 아무것도 볼 수 없다. 사람들의 눈높이는 점점 높아져 악역이 없는 드라마가 사랑받고 건강하고 달지 않은 빵집에 사람들이 줄을 선다. 결국 선함이 원할 수 있다는 것을 증명해낸『다정하게, 팔리는 콘텐츠를 만듭니다』에는 콘텐츠를 제작하며 재미와 의미 모두 잡고 싶은 욕심쟁이 크리에이터에게 꼭 필요한 이야기들이 골라 담겨 있다. 내가 보는 것들이 나를 대변하는 세상. 우리가 이 책을 봐야하는 이유다.

임라라 유튜브 크리에이터

● 녹화 직전 다 그만두고 도망가고만 싶다는, 솔직한 옥 피디. 잘 만든 프로그램들 자랑은 안 하고, 기획자 채 과장과 함께했던 속 시끄러운 고민을 실시간 공유로 꾹꾹 채워 넣은 책. 예능계의 난중일기야 뭐야. 오히려 좋아!

정효민 「효리네 민박」, 「온앤오프」 피디

● 자극적이고 재밌는 콘텐츠가 도처에서 쉴 틈 없이 쏟아져 나오는 세상이다. 하지만 몇 개월만 지나면 기억에 남는 건 없다. 매번 새롭게 튀어나오는 유행을 좇느라 정신없는 나에게 「고막메이트」가 주는 감정은 특별하다. 새것이지만 적당히 향수를 불러일으키는 호흡엔 오랫동안 자리를 지켜온 콘텐츠들의 엑기스가 절묘하게 섞여 있다고 할까? 익숙한 것들 속에서 새로움과 디테일을 만드는 것. 그 과정에 주목해야 하는 사람들은 콘텐츠 업계 사람들뿐 아니라 기획자, 마케터, 디자이너 그리고 일상의 크리에이터를 꿈꾸는 모두일지 모른다.

차승학 스푼라디오 Country Manager, South Korea

PROLOGUE

고막메이트라는
세계관

우리는 고막~메이트!

딘딘 | 우리는 고막~

김이나·딘딘·정세운 | 메이트~!

김이나 | 아, 자연스러웠다! 여기는 별밤이지만 이렇게 우리 고막메이트 세계관은 어디서든 발현되는 겁니다.

2020년 8월의 여름밤. MBC 라디오 「김이나의 별이 빛나는 밤에」에서 김이나, 딘딘, 정세운의 「고막메이트」 인사말이 울려 퍼진다. 그리고 몇 분 뒤 밴드 데이브레이크의 보컬이자 「고막메이트」의 또 다른 MC인 이원석이 라이브 스튜디오에 깜짝 등장한다. 이렇게 디지털 예능 콘텐츠인 「고막메이트」 4MC가 '별밤'으로 자리만 바꿔 유쾌한 방송을 이어나가기 시작했다. "우리 고막메이트 세계관"이라는 김이나 작사가의 멘트가 피부로 와 닿는 순간이었다.

그로부터 약 1년 반이 지난 2021년 12월. 4MC에게 이 책의 출간 소식을 전하게 되었다. 지난 3년간 「고막메이트」를 꾸준히 선보일 수 있도록 제작진과 함께 노력하고, 시청자의 신뢰와 유대감을 쌓아나갔던 시간들이 떠올라 새삼 뭉클해졌다.

출간 소식을 듣자마자, 김이나 작사가가 반갑게 말을 건넸다.

김이나 | 아니 두 분 다 바쁠 텐데 언제 책을 썼어요? 그럼 이제 작가님이에요? 하하하~

채 과장 | 둘이 틈틈이 준비한 게 이렇게 되었네요. 작사가님… 추천사 써주실 거죠?

김이나 | 책을 읽어봐야 추천을 해주지! 마음에 안 들면 전무후무하게 비추천사 써줄게요!

채 과장 | 하하하하하하~~~

3년을 함께한 MC들과 한바탕 웃으며 출간 이야기를 나누고 나니,「고막메이트」의 콘텐츠 세계관을 기반으로 한 책이 세상에 나온다는 것이 새삼 실감났다. 우리가 이 책을 통해 이야기하려는 콘텐츠의 세계관, 다정한 커뮤니티의 힘이 우리를 따뜻하게 감싸 안아주는 느낌이랄까.

딘딘 ㅣ 고막메이트를 처음 제 SNS에 올리면서 '편안하고 따뜻하고 왠지 모르게 장수 프로그램의 느낌이 난다'고 했는데 진짜 이렇게 오랫동안 한 게 대단한 거 같아요.

김이나 ㅣ 게다가 우리가 이렇게 친해질지도 몰랐지. 요즘은 사람들이 우리 넷 나오면 '고메즈'라고 하면서 패밀리처럼 이야기하잖아. 그것도 정말 신기해. 원석 오빠랑은 라디오도 고정으로 같이 하게 됐고 말이야.

김이나 작사가의 말에 막내 정세운도 한마디 보탰다.

정세운 ㅣ 맞아요. 저도 이번에 딘딘 형이랑 음반 작업 같이 했잖아요. 이렇게 프로그램으로 만나서 본업인 음악 작업까지 같이 하는 게 흔한 일은 아니거든요.

딘딘 ㅣ 아, 그리고 세운이한테 내가 곡 저작권 챙겨준다고 하니까 엄청 쿨하게 '형 괜찮아요. 그냥 도와드린 거예요'라고 하더라고. 정세운 완전 멋있어!

김이나 ㅣ 역시! 우리 막내! 멋지다! 그리고 사실 우리 녹화장에서도 친한 사람들이랑 쉬면서 수다 떠는 느낌이라 오히려 내가 힐링 받는 프로그램이지 않아?

이원석 ┃ 진짜 공감해. 나도 이렇게 오래 할지 몰랐거든. 그런데 이제는 못 보면 서운하고 다음 시즌 언제 시작하나 기다려지는 가족 같은 프로그램이 된 것 같아.

옥 피디 ┃ 그런 의미에서 앞으로 새롭게 시작할 고막메이트는 어떤 모습이면 좋을까요?

4MC의 감동적인 소회에 옥 피디가 눈을 빛내며 고메즈들이 꿈꾸는 콘텐츠의 모습을 물어보았다.

딘딘 ┃ 전국투어! 꼭 해보고 싶어요. 막 지붕 열리는 트럭 같은 거 있잖아요. 그런 거 우리가 직접 끌고 다니면서 부산 한 번, 강원도 한 번 이런 식으로 전국의 고막메이트 막둥이들 만나면 얼마나 좋아.

정세운 ┃ 저도 내년에는 스튜디오 바깥으로 나갔으면 좋겠어요. 보통의 방송은 카메라를 보고 일자로 앉아서 진행하잖아요. 다락방 같은 좁은 공간에 둥글게 모여 앉아 서로의 얼굴을 마주 보면서 이야기도 나누고 노래도 부르면 어떨까요?

김이나 ┃ 나도 비슷한데 고막메이트의 부제 '너의 이야기 우리가 들려줄게'처럼 우리가 직접 학교 교실이나 회사 사무실에 찾아가서 막둥이들 이야기도 듣고, 노래를 불러주는 시간을 가지면 좋겠어요. 바로 눈앞에서 노래를 불러주면 얼마나 좋을까!

이원석 | 맞아~ 맞아! 그리고 우리 고막메이트 콘서트도 해야지. 한강 수변공원도 좋고 하늘공원도 진짜 좋거든요.

「고막메이트」에 대한 기대와 설렘을 주고받으며 시간 가는 줄 모르고 이야기를 나누는 4MC 김이나, 딘딘, 데이브레이크 이원석, 정세운.

그리고 3년이 넘는 시간 동안 제작진과 함께 「고막메이트」를 만들어온 옥 피디와 채 과장. 그리고 꾸준한 애정을 보내준 '막둥이'들.

이들이 이토록 한마음으로 사랑하는 「고막메이트」가, '고메즈'가, '막둥이'가 대체 무엇일까?

지금부터 '너의 이야기 우리가 들려줄게'라고 다정하게 말하는 「고막메이트」의 세계관 속으로 함께 들어가 보자.

힐링 뮤직 토크 콘텐츠, 고막메이트

「고막메이트」는 인간관계, 회사생활, 연애, 섹스 등 일상의 '진짜' 고민을 다루는 디지털 예능 콘텐츠이다. 대한민국 대표 작사가 김이나, 래퍼이자 예능 대세 딘딘, 대한민국 대표 밴드 데이브레이크의 보컬 이원석, 국민 원픽 싱어송라이돌 정세운이 MC로 활약하며 매 회차 신승훈, 폴킴, 에릭남, 자이언티, 잔나비, 선우정아, 헤이즈, 브레이브걸스, B1A4 산들, 10CM 권정열 등 국내 최정상 아티스트들이 게스트로 출연한다.

시청자들이 직접 보내준 고민 사연에 대해 진심을 담아 이야기를 나누고, 마음을 어루만지는 노래를 들려주는 「고막메이트」는 제작진이 작성한 대본대로 읽기만 하는 '만들어진' 예능이 아니라, 출연진 스스로 '진짜' 자신의 경험을 꺼내놓는 특별한 프로그램이다.

백인백색 다르게 생긴 마음들을 있는 그대로 바라봐주고, 상처를 보듬는 따뜻한 마음과 등을 토닥여주는 섬세한 손길을 가진 네 명의 MC 김이나, 딘딘, 이원석, 정세운. 그리고 저마다의 다름을 예민하게 알아차리고 콘텐츠에 반영하고자 노력하는 제작진의 세심함이 합쳐져 「고막메이트」만의 다정하고 무해한 세계관이 완성되었다.

그 결과 이 프로그램의 진정성을 알아본 시청자들의 자발적인 참여와 적극적인 소통으로 단단한 커뮤니티가 형성되었다. 매회차 활발히 이루어지는 실시간 채팅은 물론, 트위터, 인스타그램 등 주요 SNS에 공감 가는 장면과 출연자들의 명언을 소개하는 게시글, 짤방, 영상들을 올림으로써 「고막메이트」에 대한 애정을 표현하고 있다.

또한 국내 최정상 아티스트들이 게스트로 출연하여 고민 사연에 맞는 노래를 라이브로 들려주면서 '아티스트 커뮤니티'가 구축되었고, 이 역시 「고막메이트」가 탄탄한 구조의 팬덤 콘텐츠로 자리 잡는 데 큰 역할을 했다.

옥 피디와 채 과장은 바로 이 「고막메이트」를 지난 3년간 공동으로 제작해왔다. 옥 피디는 지상파 방송국 SBS 디지털 스튜디오인 '모비딕'의 피디로서, 채 과장은 kt의 모바일 동영상 서비스(OTT)인 'seezn(시즌)'의 콘텐츠 기획자로서 함께 이 프로그램을 탄생시켰다.

「SBS 스페셜」, 「모닝와이드」, 「순간포착 세상에 이런 일이」 등 지상파 피디로서 다양한 TV 프로그램 제작 경험이 있는 옥 피디는 플랫폼이 평평해지는 시대, 시청자들에게 일대일로 가닿고 싶어서 디지털 콘텐츠 제작에 뛰어들었다.

국내 최대 규모의 통신사에서 '패밀리박스', 'Y데이터박스' 등의 모바일 앱 서비스를 기획해온 채 과장은 이용자들과 더 자주 더욱 효과적인 방법으로 만날 수 있는 가장 강력한 도구인 디지털 콘텐츠 제작에 꿈을 품고, 30대 중반의 나이에 커리어를 변경했다.

이처럼 서로 다른 배경을 가진 두 사람이 같은 방향을 바라보며 공동 기획한 「고막메이트」는 디지털 예능 콘텐츠로서는 보기 드물게 3년간 80회차 가까운 에피소드를 제작하며 스테디셀러로 자리매김하고 있다.

「고막메이트」는 2019년부터 3년간 80여 개 에피소드, 부가 영상까지 포함하면 200개가 넘는 콘텐츠를 지속적으로 선보였고, 전 국민이 다 봤다고 해도 과언이 아닌 '4,500만 조회수'를 달성했을 뿐만 아니라 매 회차 수천 개의 댓글이 달리는 활발한 커뮤니티를 구축했다. 「고막메이트」 유튜브 계정은 약 33만 명의 구독자를 보유하고 있으며, seezn에서는 서비스 창설 이후 자체 오리지널 콘텐츠 중 가장 많은 시청자가 본 프로그램에 등극했다.

특히 유튜브와 OTT 생태계 대부분을 차지하는 자극적이고 매운 맛 콘텐츠들 사이에서 위로와 공감이 주제인 무해한 음악 토크 콘텐츠가 스스로의 산뜻한 본질을 지켜내고 있는 것이 가장 큰 성과라고 할 수 있다.

고막메이트, 너와 내가 연결된 우리의 소우주

콘텐츠 대폭발의 시대. 시청자들에게 쉽게 선택되도록 말초신경을 자극하는 흥미 위주의 콘텐츠가 넘쳐난다. 그렇기에 역설적으로 서로의 유대감을 다지며 더 나은 공동체를 지향하는 무해한 콘텐츠의 가치는 더욱 커져간다.

난 막둥이가 동거하는 건 웬만하면 말리고 싶어. 일주일에 4일 같이 있으면 충분하지 않아? 지금이 딱 좋은 것 같은데?

– [고막메이트 Ep.68_ 동거가 그렇게 나쁜 건가요?]

이제 막 취업한 남친의 입장에선 많은 게 낯설 거야. 아마도 주눅 들어 있고 뭘 해도 어설픈 본인의 모습을 사랑하는 사람에게 보이기는 싫었을 거야.

– [고막메이트 Ep.33_ 일과 사랑 중 고르라면, 남친은 일 저는 사랑이에요]

「고막메이트」는 고민 사연자에게 깊은 위로와 공감을 전하고 각자가 생각하는 해결법들을 이야기하는 프로그램이다. 「고막메이트」만의 따뜻하고 무해한 가치에 공감한 시청자들은 적극적으로 콘텐츠와 자신을 동일시하며 끈끈한 팬덤을 만들었다. 고막메이트의 '막' 자를 따서 만든 시청자 팬덤의 애칭인 '막둥이'들은 자신의 고민을 들어주고, 솔직한 이야기를 들려주며, 사려 깊게 소통하려 노력하는 「고막메이트」 출연자와 제작진들에게 진심 어린 애정을 갖게 되었고, 콘텐츠 확산에 기여하는 중요한 축이 되었다.

「고막메이트」가 이처럼 단단한 팬덤과 결속력 강한 커뮤니티를 갖게 된 배경은 무엇일까? 무엇이 사람들로 하여금 무해한 콘텐츠에 가치를 두게 한 것일까? 왜 「고막메이트」에 연결된 모두가 이 콘텐츠를 사랑하게 된 것일까?

서로 다른 두 플랫폼이 함께 만드는 「고막메이트」

「고막메이트」를 이야기할 때 빼놓을 수 없는 주제가 바로 '공동제작'이다. 「고막메이트」가 SBS 디지털 스튜디오 '모비딕'과 kt의 OTT 서비스 'seezn'의 대표 오리지널 콘텐츠로 시청자들에게 동시에 각인되어 있는 것이 우리가 꼽는 최고의 성공 포인트이기 때문이다.

'한쪽만 성공하고 한쪽은 망하는 것이 아닌, 서로 다른 두 플랫폼에서 둘 다 잘되는 윈윈 콘텐츠.'

말이 쉽지 그 과정은 참으로 지난하고도 어려웠다.

지난 3년간의 공동제작 과정에서 다양한 갈등이 있었고, 새로운 이슈들이 펑펑 터졌다. 매 순간 생겨나는 이슈와 갈등에 대처하기 위해 옥 피디와 채 과장은 함께 머리를 맞대고 치열하게 고민했다. 하지만 고민의 방향은 상대방과 싸워서 내 것을 쟁취하는 쪽이 아니었다. 비교우위를 고려해 더 나은 대안을 만들어내는 쪽으로 늘 노력했다.

무엇보다 그 어떤 위기와 갈등 상황 속에서도 「고막메이트」의 본질에 대한 방향성을 일치시키고, 그 가치를 잃지 않고자 노력했다. 그것이 바로 우리가 원하는 「고막메이트」의 진정한 성공이기 때문에. 그리고 그 모든 과정을 거치며 '함께 만드는 힘'에 대한 신뢰가 견고하게 쌓여갔다.

이제 이 책에서 옥 피디와 채 과장이 「고막메이트」라는 소우주를 탄생시키고 발전시켜온 과정, 그리고 그 바탕이 된 두 사람의 히스토리를 펼쳐보려 한다.

'너의 이야기 우리가 들려줄게.'
'진짜' 이야기의 시작이다.

CHAPTER 1

사운드 오브 시티에서
고막메이트까지

그런데 시청자는 이게 보고 싶을까?

"채 과장, 5G가 뭐가 좋은 거예요?"

채 과장 | 5G 네트워크는 '초저지연', '초고속', '대용량'이 기술의 핵심인데요. 초저지연이란 쉽게 말해서 반응속도가 엄청나게 빠르다는 거예요. 내가 누르면 즉시 반응하는 거죠.

옥 피디 | 그럼 초고속은 뭐예요? 초저지연이 초고속이랑 다른 거예요? 둘 다 빠르다는 거 같은데….

양 사의 공동제작 콘텐츠 첫 회의 시간. 옥 피디의 얼굴에서 '이건 어느 나라 이야기인가…' 하는 표정을 쉽게 읽을 수 있었다. 수십 분에 걸쳐 5G 네트워크란 무엇이고, 이 기술이 도입되면 우리 생활에서 어떤 점이 좋아지는지 설명하고 있자니 나도 슬슬 한계에 다다르고 있었다. 아직은 명확하게 실생활에 적용되는 서비스가 없다 보니 실제 사용후기처럼 생생하게 설명하기가 어려웠다. 난관이 예상됐다.

10년 가까운 시간 동안 상품과 서비스를 기획하고 운영하면서 깨달은 게 하나 있다면, 대중은 기술에 전혀 관심이 없다는 사실이다. 아무리 훌륭한 기술도 실생활에 직접적인 도움이 되지 않으면 즉시 외면받는다. 5G 네트워크는 훌륭한 차세대 기술이지만, 당시의 주류 통신 네트워크인 LTE와 비교했을 때 실생활을 획기적으로 변화시킬 만한 소프트웨어적인 준비가 아직 부족한 상황이었다.

그런데 나는 왜 아직 출시도 되지 않은 5G 네트워크를 옥 피디에게 공들여 설명하고 있는 걸까? 개발자도, 마케팅기획사 직원도 아닌 오리지널 예능 콘텐츠를 공동으로 제작하는 피디에게 말이다.

쎈 언니들이 나오는 쎈 프로그램의 쎈 피디?

"채 과장, 오늘 SBS에서 피디 한 분이 오실 건데 만나봐요. 근데 좀 셀 거야. 각오해."

콘텐츠기획팀에 합류한 지 한 달이 채 지나지 않았을 무렵, 팀장이 내게 미팅 일정을 공유하며 굳이 세다는 한마디를 덧붙인 것이 마음에 걸렸다.

'왜 굳이 세다는 말로 소개를 하는 거지? 초장부터 하드하게 키우겠다는 건가? 본인도 충분히 센 거 같은데 도대체 어느 정도길래?'

그런 생각이 머릿속을 스치는 동안, 팀장은 옥 피디가 지난 1년 동안 래퍼 치타와 브라운아이드걸스 제아가 나오는 「쎈마이웨이」라는 프로그램을 우리 팀과 공동제작하고 있는 파트너라는 설명을 덧붙였다.

'쎈 언니들이 나오는 쎈 프로그램의 쎈 피디라고?'

하지만 막상 회의실에 나타난 옥 피디는 귀여운 빵모자를 눌러 쓴 밝은 모습이었다. 함께 온 프로그램 작가까지 네 명이 작은 회의실에 오붓하게 모여 앉아 첫인사를 나누었다.

그러나 방심은 금물. 본격적인 회의에 들어가니 옥 피디는 말과 행동에 거침이 없었다. 전형적인 웃으면서 할 말 다 하는 캐릭터. 게다가 지상파 13년 차 피디란다. 이제 막 콘텐츠업을 시작한 나를 어떻게 바라보고 있을지 내심 궁금했다.

우리는 「쎈마이웨이」의 다음 시즌에 대한 기획 방향과 새로운 콘텐츠 제작에 대해 이야기를 나누었다. 그러나 나에게는 과제가 하나 있었다. 바로 새해 출시 예정인 5G의 홍보 내용을 추가하라는 미션이었다.

고객은 기술에 관심이 없다

새로 옮겨간 곳에서 처음으로 부여받은 과제가 직전 부서의 핵심 서비스를 홍보하는 일이라니…. 참 웃기지만 서글픈 상황이었다.

불과 한 달 전만 해도 나는 통신사의 핵심부서 중 하나인 무선사업본부에 몸담고 있었다. 입사 후 9년 동안 영업 현장부터 요금제 기획, 마케팅 기획을 거쳐 서비스 기획과 앱 개발 등 스마트폰과 관련된 일이라면 안 해본 게 없는 '실무 깡패'였다. 특히 이곳 콘텐츠기획팀으로 이동해오기 직전까지 약 5년간은 청소년 타깃의 앱 서비스 기획, 개발, 마케팅을 총괄했다. 두터운 신뢰관계의 직원이 여러 명 있었고, 그들을 리딩해갈 만한 역량과 자신감이 있었다.

그랬던 내가 회사에서 변방 취급을 받던 모바일 동영상 서비스(OTT) '올레tv모바일'(1년 뒤 seezn이란 이름으로 리뉴얼된다)의 오리지널 콘텐츠를 제작하는 모바일콘텐츠기획팀으로 자원하여 막 옮겨온 참이었다.

아직 업무 파악도 제대로 끝나지 않은 시점. 30대 중반을 지나 도전한 새로운 시도는 여전히 낯설기만 했다. 조급해하지 않으려 애썼지만 최대한 빨리 나의 존재감을 보여주고 싶은 마음이 내 안에서 꿈틀댔다. 이때 내게 주어진 첫 번째 미션이 5G 홍보 콘텐츠를 만드는 일이었으니, 의욕에 불타오르는 것은 당연했다.

5G 상용화가 불과 몇 개월 앞으로 다가왔지만 통신사들은 모두 골머리만 싸매고 있었다. 새로운 네트워크망인 5G의 기술적인 특징을 보여줄 서비스와 콘텐츠가 거의 없었기 때문이다. 무선 네트워크 기술은 눈으로 보이는 것이 아니기에 고객들이 기술의 혜택을 직접 체감하기란 여간 어려운 일이 아니었다.

기술의 발전과 고객 친화적인 서비스의 탄생. 닭과 달걀처럼 무엇이 먼저인지는 불분명하다. 하지만 고객의 삶을 획기적으로 변화시킬 만한 고민이 반영된 기술만이 인정받는다는 사실은 변함없다. 아니, 고객의 삶을 혁신적으로 바꿔놓아도 고객들은 그

기술이 무엇인지 크게 관심이 없다.

그럼에도 불구하고 나는 열심히 달렸다. 내가 다른 팀원들보다 잘하는 것이 5G 기술과 상품, 서비스에 대한 높은 이해도라는 생각에 더욱 이 과제에 매달렸다. 친분이 있던 기술팀을 찾아가 상세 내용을 꼼꼼히 파악하고, 해외 웹사이트까지 뒤져가며 콘텐츠에 자연스럽게 녹일 만한 아이템을 구상했다.

사운드 오브 시티 with 5G

그렇게 열심히 준비한 기술 프레젠테이션과 콘텐츠 적용 예시를 옥 피디에게 전달했고, 몇 주 뒤 옥 피디와 메인 작가는 「사운드 오브 시티」라는 음악 예능을 기획해왔다. 영국으로 여행을 간 아티스트와 서울에 있는 밴드를 5G로 연결해 원격 공연을 하자는 취지의 음악 콘텐츠였다. 0.1초의 지연도 있어서는 안 되는 원격 공연 프로그램이었기에 이론적으로는 5G 기술을 완벽히 보여줄 수 있는 시나리오였다. 하지만 곧바로 현실적인 어려움이 발생했다.

채 과장 | 옥 피디, 그런데 영국에서는 5G가 안 된대요.

옥 피디 | 아니 그럼 최근에 유명 축구선수와 5G로 영상통화하는 그 광고는 뭐예요?

채 과장 | 그게 자세히 보면 작은 글씨로 영국은 유선망으로 연결했다고 나와요. 그래서 말인데, 장소를 5G망이 설치되어 있는 제주도로 변경하시죠.

옥 피디 | 제주도 좋죠. 알겠습니다. 그럼 제주도에 5G가 설치된 장소를 확인해서 알려주세요.

장소를 제주도로 바꿨음에도 문제는 남아 있었다. 아직 5G 정식 오픈 전이라 실내에서는 제대로 터지는 곳이 없었다. 결국 서울의 밴드도 야외에서 버스킹을 하는 것으로 콘셉트를 수정해야 했다.

화질 문제도 있었다. 영상통화는 가능했지만 프로그램에 내보내도 손색없을 정도의 고퀄리티 영상은 전송 과정에서 별도의 작업이 필요해 속도의 지연 없이는 방송이 불가능했다.

결국 이 모든 것을 기술에 맞추다 보니 제작비와 제작기간은 최초 기획의 두 배 이상으로 늘어나 있었다.

옥 피디 | 실제 영상통화로 초저지연 연주는 가능하겠지만 영상통화 화면을 그대로 내보낼 수는 없어요. 결국 제주도와 동시에 서울에도 촬영팀이 있어야 해요. 우선 제작비가 두 배로 듭니다.

채 과장 | 그럼 서울의 밴드 촬영팀은 최소화해서 캠 하나 정도만 보내면 안 되나요?

옥 피디 | 방송 화면에 사용할 영상인데 그건 안 되죠. 제작비가 더 들어도 퀄리티는 포기하면 안 됩니다.

채 과장 | 아, 그리고 360도 VR 카메라로 찍은 영상도 콘텐츠 내에 노출되어야 하는 거 아시죠?

옥 피디 | 그것도 준비해놨어요. 그런데 360도 촬영은 스태프들을 다 철수시키고 찍어야 하니까 본편 촬영하면서는 할 수가 없고 별도 시간을 내서 다시 찍어야 해요. 그럼 서울 촬영, 제주도 촬영 이원 생중계와 360도 VR 별도 촬영까지…와 산 넘어 산이네!

어느 순간부터 내가 지금 오리지널 콘텐츠를 만들려는 것인지, 5G 홍보를 위한 브랜디드 콘텐츠를 만들자는 것인지 정체성에 혼란이 오기 시작했다.

이 팀에 오기 전까지 '고객을 위한 진정성 있는 서비스를 만들어야 한다'고 입버릇처럼 말하던 나였다. 고객을 기만하는 행위는 결국 신뢰를 무너뜨리고 장기적인 관점에서 고객을 잃는 것이라는 믿음이 있었기 때문이다. 그런데 지금 고객은 안중에도 없고 기술에 끼워 맞춰 어떻게든 과제만 해내려는 내 모습에 자괴감이 들었다.

결심이 필요했다. 시간이 좀 더 걸릴지라도 진짜 고객을 위한 기획을 해야겠다고 마음의 결정을 내렸다.

그런데 시청자는 이게 보고 싶을까?

「사운드 오브 시티」는 시청자가 아닌 공급자 관점에서 기술 홍보에만 집착하다 보니 시청자에 대한 고려는 온데간데없는 기획안이 되어 있었다. 마음이 급할 때 흔히 하는 실수였다. 성공하는 기획은 반드시 고객을 우선해야 한다는 대명제를 잠시 잊고 있었다.

콘텐츠 기획은 지난 몇 년간 무선사업본부에서 수도 없이 해왔던 서비스 기획과 본질적으로 크게 다르지 않았다. 서비스를 기획할 때는 가장 먼저 타깃 고객에 대한 섬세한 관찰과 분석을 진행한다. 우리가 만들 기능이 무엇인지, 어떻게 구현할지, 이 기능을 사용하는 고객들은 어떻게 반응하고 행동할지를 치열하게 고민하고 동료들과 수없이 많은 토론을 한다. 콘텐츠 역시 마찬가지다. 고객에 대한 고민 없는 서비스가 성공할 수 없듯이 시청자를 뒷전에 둔 콘텐츠 역시 성공할 수 없다.

천천히 가더라도 바른 길로 가야 했다. 돌아보니, 회사도 시청자도 이런 콘텐츠를 원하지 않을 것이 분명했다.

하지만 지금까지 함께 기획안을 만들어온 옥 피디에게 모든 것을 원점에서 다시 시작하자고 말할 엄두가 나지 않았다. 2019년 초봄, 몇 번을 망설인 끝에 옥 피디에게 전화를 걸었다.

"옥 피디, 이렇게 진행하는 건 아닌 것 같아요. 미안하지만 기획 방향을 처음부터 다시 고민해봐요."

그 남자 채 과장의 과거

"중학교 다니는 첫째 말이 우리 회사 앱 중에서 패밀리박스가 최고래."

"경쟁사가 우리를 따라서 비슷한 서비스를 출시했어. 맨날 우리가 따라 하기만 했는데 이런 적은 처음이야!"

2016년 4월. 봄기운만큼이나 기분 좋은 소식들이 연이어 들려 왔다. '패밀리박스'가 이용자들의 사랑을 받는 것은 물론 경쟁사가 모방 서비스를 내놓을 만큼 높은 평가를 받게 된 것이다.

'패밀리박스'는 내 30대의 절반을 바친 자식 같은 서비스였다.

마케팅을 전공하며 배운 지식과 통신회사를 다니며 습득한 실무 경험을 쏟아부어 새로운 개념의 서비스를 만들어냈고, 그 결과 회사 역사상 가장 성공적인 앱 서비스 중 하나로 자리매김했다. 구글 플레이스토어에 3만여 명이 남긴 평균 4.8점의 리뷰가 보여 주듯이 '통신사 앱은 별로'라는 기존의 고정관념을 시원하게 날 려버린 대표적인 사례였다.

쓸데없는 일 벌여서 민폐 끼치지 마!

2014년, '패밀리박스'는 나를 포함해 세 명의 입사동기 손에서 탄생했다. 당시 내가 직접 진행했던 대학생 아이디어 공모전 기 획안 중에 가족과 함께 데이터를 공유하는 서비스를 만들자는 아이디어가 마음에 와 닿았다. 하지만 이 아이디어를 부문장에 게 보고하면서도 진짜 만들어보라는 지시가 내려올 줄은 상상도 못했다.

아이디어를 보고한 지 단 하루 만에 출시 의사결정이 내려졌 다. 팀장이 선임되고, 실무자로 마케팅팀의 나와 요금기획팀, 기 술투자팀에서 각각 한 명씩 차출되어 TF가 꾸려졌다. 눈앞이 깜 깜했다. 모바일 앱 개발은 우리 셋 모두에게 생소한 분야였다. 괜히 나섰다가 날벼락이 떨어진 꼴이었다.

게다가 주변 반응까지 굉장히 냉소적이었다. 앱 출시하고 1년
도 못 채우고 서비스 접는 걸 한두 번 본 게 아니라는 말이 심심치
않게 들려왔다. 쓸데없는 일 벌이지 말라며 힐난하는 선배들도
있었다. 점점 오기가 생겼다.

고정관념을 깨는 것이 기획의 시작

'패밀리박스' 기획 초기, 가입한 가족의 구성원 수만큼 매월 일
정량의 무료 데이터를 주자는 아이디어로 토론이 진행된 적이
있다. 통신 시장에서 가족 시장을 공략할 때는 '실납부자'인 부모
에게 혜택을 집중시켜야 한다는 고정관념이 있다. 하지만 우리
팀은 그 고정관념을 깨고 메인 타깃인 '실사용자' 청소년에게 보
너스 데이터 제공이 필요하다고 주장했다. 시장조사 과정에서
진행된 한 중학생 어머니와의 인터뷰 내용에 머리를 한 방 크게
맞았기 때문이다.

"아이를 키워보니 스마트폰을 못 쓰게 하는 것보다 부모와 좋은 관
계를 유지하는 게 훨씬 더 중요하더라고요."

그전까지는 대다수의 부모들이 아이 공부에 방해가 되는 스마트폰을 '어떻게 하면 적게 쓰도록 관리할까'만 고민한다고 생각했다. 하지만 인터뷰를 진행하면서 많은 부모들이 아이의 과도한 스마트폰 사용을 걱정하는 한편, 아이와의 관계가 틀어지는 것을 훨씬 더 경계한다는 사실을 발견했다. 그리고 이는 아이들도 마찬가지였다. 아이들도 부모 못지않게 엄마, 아빠와의 관계를 중요하게 생각했다.

부모와 청소년들은 휴대폰 사용을 놓고 벌어지는 수많은 갈등에 이미 익숙해져 있지만 또 지쳐 있기도 했다. 우리가 품기로 한 가족의 니즈가 바로 여기, '부모와 자녀의 관계성'에 있었다.

기획의 목표 : 가족 간의 윤활제가 되자

'패밀리박스'는 데이터가 남는 사람이 가족 공용 공간에 일정량을 담아두면 필요한 가족이 원하는 만큼 꺼내서 사용할 수 있는 서비스이다. 일대일로 데이터를 선물하는 경쟁사 서비스에 비해 이용자를 번거롭게 한다는 내부 의견이 많았지만, 우리가 공략하기로 한 가족의 니즈는 단순히 부족한 데이터를 채우는 것이 아니었다.

우리가 발견한 니즈는 바로 '부모와 자녀 간에 원활한 관계를 만들고자 하는 욕구'였다. 그래서 '패밀리박스'를 이용함으로써 그들 사이에 대화거리를 만들어주고, 관계를 매끄럽게 발전시키며, 더 나아가 스마트폰으로 인해 발생하는 가족의 갈등을 긍정 에너지로 전환시키는 것을 '패밀리박스'의 목표로 세웠다.

부모님이 데이터를 잘 모르시는데 패밀리박스로 대신 확인해드리고 데이터도 넣어드릴 수 있어서 좋아요.

– 구글 플레이스토어 리뷰

'패밀리박스'가 출시된 지 불과 1~2년 만에 우리의 노력은 눈에 보이는 성과로 나타났다. 청소년과 부모의 관계뿐 아니라 나이 드신 부모님을 위해 자녀가 데이터를 관리해주는 패턴도 흔히 보였다. 가족 갈등의 씨앗이었던 스마트폰과 데이터가 가족 관계에 윤활제 역할을 하는 효자가 된 것이다.

초심으로 돌아가기 : 누가 우리 콘텐츠를 보고 싶어 할까?

고객들을 관찰하고 그들의 어려움을 발견하여 다양한 해결책을 생각해내고 그것을 현실화하는 것이 내가 가장 잘하는 일이다. 하지만 나는 지금 시청자가 아닌 공급자의 입장에서 5G 홍보용 콘텐츠를 기획하고 있었다. 새로운 일을 시작하며 생긴 불안감과 조급함이 내 철학과 전혀 다른 일을 하게 만든 것이다.

초심으로 돌아가 보았다.

'누가 우리 콘텐츠를 보고 싶어 할까? 그들에게 필요한 것은 무엇일까? 그것을 가장 효과적으로 전달할 수 있는 방법은 어떤 것일까?'

맨 처음 가졌던 서비스 기획 마인드로 돌아오자 답이 보였다. 기획 방향을 수정해야 했다. 오직 시청자를 중심에 놓고 세심히 관찰하고 깊이 있게 고민하여 명확한 기획의도를 수립하는 과정을 다시 진행해야 했다.

그 여자 옥 피디의 과거

"옥 피디, 이렇게 진행하는 건 아닌 것 같아요. 미안하지만 기획 방향을 처음부터 다시 고민해봐요."

채 과장의 말을 들은 나는 크게 당황했다. 지금까지 5G 기술을 「사운드 오브 시티」에 접목하자는 것이 바로 채 과장의 요청사항이 아니었던가! 이런 결정을 내린 그의 속마음이 궁금해졌다.

"솔직한 생각을 말해주시면 우리가 함께 성공적인 결과물을 낼 수 있을 거예요."

나의 질문에 채 과장은 담백하게 이야기를 시작했다.

"고객에서 시작하는 것이 좋은 기획이고, 오직 그것만이 정답이라고 생각해요. 그런데 5G 기술 홍보라는 다른 것에만 집중하고 있었던 것 같아요. 시간이 좀 더 걸리더라도 고객이 보고 싶은 콘텐츠를 만든다는 것을 핵심 가치로 놓고 원점에서 다시 시작해봐요."

진심이 느껴지는 그의 말에 어쩐지 마음이 뭉클해졌다. 사실 나 또한 마찬가지였다.

시청자의 마음에 가닿기 위해

6년 전, SBS 시사교양본부를 떠나 SBS 디지털 스튜디오 '모비딕'에서 유튜브 콘텐츠를 만들겠다고 했을 때, 나를 아는 거의 모든 사람이 반대했다. "지상파 피디가 애들 장난 같은 유튜브를 하나" "피디 정신을 잃었네" 같은 이야기를 정말 많이 들었다.

하지만 내가 디지털 콘텐츠 제작을 시작한 이유는 명확했다. 10년 전만 해도 휴대폰으로 이렇게 많은 일들을 할 수 있을 거라고 상상이나 했을까? 그러나 이제는 휴대폰이 명실공히 가장 영향력 있는 매체로 자리매김했다. 지극히 개인화된 이 매체 덕분에 사람들은 각자의 관심사에 따라 일대일로 타깃팅된 콘텐츠 전달이 가능하다. 피디로서 시청자에게 더욱 직접적이고 강력하게 메시지를 전달할 수 있는 것이다.

온 가족이 둘러앉아 텔레비전을 보던 시대를 지나, 내 취향에 맞는 콘텐츠만 골라 보는 시대가 거대한 파도가 되어 지상파 방송국을 향해 다가오고 있었다. '이 작고도 큰 플랫폼에서 좋은 영향력을 주는 콘텐츠를 제작하여 강력하게 사람들의 마음에 가닿고 싶다'는 생각이 나를 뒤흔들었다. 나는 이 거스를 수 없는 물결에 몸을 맡기기로 결심했다. 허먼 멜빌의 소설 『백경』에서 모티브를 딴 SBS 디지털 스튜디오 '모비딕(Mobidic)'이라는 고래 위에 올라타기로 한 것이다.

내가 가장 잘 만들 수 있는 것은 무엇인가

2016년 2월, SBS 모비딕 스튜디오가 만들어지고 나는 초심으로 돌아가 생각했다.

'내가 피디가 되고 싶었던 이유는 무엇인가?'

SBS처럼 큰 지상파 플랫폼이든, 작은 유튜브 채널이든 콘텐츠에 '가치'를 담아 단 한 사람에게라도 좋은 영향력을 주고 싶다는 것. 바로 그것이었다.

'시청자들이 휴대폰으로 가장 보고 싶어 하는 콘텐츠는 무엇인가? 어떻게 하면 나만의 색깔을 잘 담아낼 수 있을까?'

시청자들이 콘텐츠와 직접 연결되어 있다는 느낌을 주면서 일대일로 가닿을 수 있는 강력한 감정. 그것은 바로 '위로와 공감'이었다.

휠체어 타고 신이문역에서 종각역까지

2001년 1월 22일, 장애인 노부부가 경기도 시흥시 오이도역에서 장애인 리프트를 이용하다 추락해 부부 중 한 명이 사망하고 다른 한 명은 크게 다치는 사건이 발생했다. 이 참사를 계기로 장애인들은 '장애인 이동권 연대'를 결성해 본격적인 이동권 투쟁을 시작하였다. 그러나 2002년 서울시 강서구 발산역에서 또다시 장애인 리프트 추락 참사가 발생했다. 이에 장애인들은 사다리를 목에 매고 서울 시청역 선로를 점거해 39일 동안 국가인권위원회를 향한 단식 농성을 벌였다.

내가 한국예술종합학교에 입학했을 때 동기생 중 한 명이 장애인이었다. 그 친구는 매일 부모님의 차로 등하교를 했는데, 그 모습을 보면서 몸이 불편하다는 이유만으로 자유롭고 안전하게 이동할 권리를 누리지 못하는 것이 불합리하다고 생각했다. 마침 '다큐멘터리 워크숍'이라는 수업에서 다큐멘터리를 한 편씩 연출해보는 시간이 있었다. 그래서 나는 당시 가장 큰 사건이었던 '장애인 이동권'을 주제로 다큐멘터리를 만들어보기로 했다.

학교에서 출발해 내가 좋아하던 종각역 근처 '미스터 피자'까지 가는 길은 지하철 1호선 신이문역까지 걸어간 다음, 지하철을 타고 종각역에서 내려 2번 출구 계단만 올라오면 되는 쉬운 경로였다. 걸어가는 시간, 지하철을 타는 시간을 모두 합쳐도 넉넉히 40분이면 약속 장소에 도착할 수 있었다.

'하지만 몸이 불편한 내 친구라면 어떻게 갈까? 얼마나 걸릴까? 과연 무사히 이동할 수 있을까?'

그런 물음표를 마음속에 품고, '내가 직접 휠체어를 타고 그 코스로 이동해보면서 헌법에 명시된 이동권에 대해 경험해본다'는 것이 다큐멘터리 기획의 골자였다.

그러나 현실은 정말 녹록치 않았다. 지하철역까지 가는 것부터가 난관의 시작이었다. 나는 전동 휠체어를 타고 이동함에도 불구하고, 울퉁불퉁한 보도블럭, 길 위를 침범한 각종 노점상, 보행자를 위협하며 지나가는 자전거와 오토바이 등이 길목을 막는 통에 신이문역까지 가는 데만 50분이 걸렸다. 지나가는 사람들의 눈총을 받으며 연신 "조금만 비켜주세요"라고 외친 끝에야 지하철역에 도착했다.

하지만 더 큰 문제는 이제부터였다. 신이문역은 휠체어 리프트를 타고 또 한참을 올라가야만 비로소 역 안으로 들어갈 수 있었기 때문이다. 오이도역 추락사고 이후, 휠체어 리프트를 이용하려면 반드시 안전요원의 도움을 받아야 했다.

나는 휠체어 리프트가 설치된 곳에 있는 버튼을 눌렀다. 한참 신호가 가고 나서야 지하철 역사의 공익요원이 전화를 받았다.

"네, 여보세요."

"수고하십니다. 제가 지금 휠체어를 타고 있어서 리프트를 타고 위로 올라가려고 하는데요."

"아, 네… 잠시 기다리세요."

'잠시'가 언제부터 '한참'을 의미했던가. 한참을 기다리자 공익요원이 내게 다가와 대뜸 '어디로 가는지' 물었다. 내겐 그 질문 자체가 평등하지 않게 다가왔다.

'내가 도움을 받아야만 하는 약자라서 어디로 가는지까지 밝혀야 하나?'

마음이 상했지만 다큐멘터리를 제작하려면 이 사람의 도움이 반드시 필요했다.

"종각역으로 갑니다. 그래서 휠체어 리프트를 타고 위로 올라가서 지하철을 타야 해요. 부탁드립니다."

공익요원이 휠체어 리프트를 펴고, 내가 그 위로 전동 휠체어를 조작하여 올리고, 다시 리프트 안전 바를 닫은 후, 공익요원과 함께 리프트가 계단을 오르기 시작했다. 그때였다.

"띠~~띠~~띠~~"

내가 탄 휠체어 리프트가 계단을 반 이상 가로막은 채 엄청나게 큰 경고음을 내며 올라가기 시작한 것이다! 나는 많은 사람들의 짜증 섞인 눈빛을 받으며, 순식간에 '이동하는 대역죄인'이 되어 고개를 숙인 채 올라갈 수밖에 없었다.

당시 철없던 나는 속으로 이런 기획을 한 스스로를 매우 쳤다.

'왜 이런 걸 한다고 해서 이 고생인지! 너무 부끄러워서 당장이라도 내리고 싶어!'

하지만 그런 생각이 이어질 겨를도 없이, 또다시 엄청난 심리적 장벽이 나를 가로막았다.

지하철 승강장과 열차 사이의 간격이 너무 넓어서 마치 낭떠러지 위에서 안절부절못하는 꼴이 되어버린 것이다. 내 힘으로는 도저히 나의 생사가 걸린 그 거대한 틈을 건널 수가 없었다.

결국 또 주변 누군가에게 도움을 요청한 후에야 열차에 오를 수 있었다. 나 혼자서는 신이문역에서 종각역까지 40분이면 갈 거리를 여러 사람의 도움과 수많은 사람의 눈총을 받으며 2시간 40여 분 만에 목적지에 도착했다.

교통약자는 인간으로서의 존엄과 가치 및 행복을 추구할 권리를 보장받기 위하여 교통약자가 아닌 사람들이 이용하는 모든 교통수단, 여객시설 및 도로를 차별 없이 안전하고 편리하게 이용하여 이동할 수 있는 권리를 가진다.

– 교통약자의 이동편의 증진법 제3조(이동권)

몸이 불편하다는 이유로 자유롭고 안전하게 이동할 권리를 누리지 못한다는 것. 그에 따라 자신의 세계는 점점 좁아지고, 행복을 추구할 권리도 점점 작아진다는 것. 이처럼 내게는 당연한 것들이 누군가에겐 당연하지 않다는 것을 온몸으로 알게 되었다. 갓 스무 살을 넘긴 나에게 굉장히 충격적인 경험 중 하나였다. 그리고 내가 피디가 된다면, 서로의 다름을 인정하고 이해하며 위로와 공감을 전하는 콘텐츠를 통해 조금이나마 더 나은 세상을 만들고 싶다고 다짐했다.

나의 이어폰에 살고 있는 고막 요정

"어디 방송국에 피디가 치마를 입고 와? 제정신이야?!"

퍽!

"아얏!"

뒤통수가 얼얼한 느낌에 돌아보니 시사교양국 부국장님의 큰 목소리가 연이어 화살처럼 앞통수에 내리 꽂혔다.

순간 심장이 발끝까지 내려앉고 눈물이 왈칵 쏟아졌다. 말할 수 없이 서럽고 복합적인 감정이 응어리져 목구멍이 꽉 막혔지만, 바보같이 한 마디도 입 밖으로 나오지 않았다. 대신 눈물만 주

르륵 흘러내렸다. 마치 그것만이 유일한 항변이라는 듯이.

2007년, 내가 SBS 시사교양본부에 공채 피디로 입사할 때만 해도 여자 피디는 굉장히 드문 존재였다. 게다가 내가 다닌 한국예술종합학교는 소수의 인원만 선발하기에 집단적 조직문화를 경험할 일이 많지 않았다. 방송국이 인생 첫 번째 조직 경험이었던 내게는 명문대-군대-방송국으로 이어지는 조직생활에 익숙한 동기들에 비해 적응하는 데 많은 시간과 노력이 필요했다.

게다가 선배들은 다른 성별, 다른 궤적으로 살아온 나를 불편해했다. 그도 그럴 것이 해외 출장이나 지방 촬영을 가려고 할 때면 여성 조연출인 나와 남성 연출인 선배가 숙소를 따로 잡아야하니 제작비도 두 배로 들기 때문이었다.

그뿐이랴. 그 당시 신입 조연출이라면 누구나 거쳐야 했던 「SBS 모닝와이드」의 단골 아이템인 고기잡이배를 탈 때는 모든 스태프들이 보는 앞에서 "여자가 아침부터 배에 타면 재수가 없어! 고기가 안 잡혀서 안 돼!"라는 모욕적인 말을 들으며 촬영을 거부당하기 일쑤였다.

그렇게 신입 조연출 시절 내내 서러운 눈칫밥을 배부르게 먹으며 버텨왔는데, 한여름 편집실용 작업복으로 입고 온 보라색 캉캉 롱치마를 본 상사에게 독설과 함께 뒤통수를 얻어맞으니 나는 작아지다 못해 모래처럼 바스러져버렸다.

나는 그때 그렇게 작아졌지만

사회인으로서 나의 존엄성, 그리고 피디로서의 나의 자존감을 삽시간에 무너뜨리는 상황 속에서 분노와 비애의 감정이 나를 집어삼키지 않도록 조심해야 했다. 위축되고 작아진 나로 남지 않도록 늘 경계해야 했다.

하지만 사회생활은 녹록치 않았다. 편견은 굳건했고, 유리천장은 건재했다. 나는 점점 더 내 스스로에게 자신이 없어졌다. 하루하루 회사에 나가는 날들이 지옥 같았다. 아니, 내 마음이 지옥이었다.

그러던 어느 날. 한 주의 피곤이 끈적하게 묻은 퇴근길, 늦은 밤에도 여전히 환한 불빛들을 차창 밖으로 물끄러미 바라보며 생각했다.

'그래, 나만 힘든 건 아니구나. 저 불빛 속에서 고군분투하는 사람들도 힘들고 치열하게 살아가고 있겠지…'

이처럼 아이러니한 위로를 받으며 문득 이런 생각이 들었다.

한 주를 마무리하는 금요일. 나의 이야기를 들어주고, 지친 마음을 위로해주며, 감미로운 노래까지 불러주는, 작고 다정한 요정이 이 어폰에 살고 있다면 얼마나 좋을까?

나는 소수자와 소외된 이들을 포함하여 다양한 사람들의 목소리를 들으려 노력해온 지난날의 경험에서 배운 위로와 공감의 힘을 믿기로 했다. 서로의 다름을 인정하고 이해하며, 이런 취향도, 저런 관점도 있다는 것을 보여주는 콘텐츠를 만들고 싶었다.

그래서 채 과장의 "고객에서 시작하는 것이 좋은 기획이고, 오직 그것만이 정답이라고 생각"한다는 말이 나를 뭉클하게 만들었다. 내가 왜 피디가 되었는지, 어떤 마음으로 여기까지 달려왔는지, 초심을 떠올리게 해준 한마디였기 때문이다. '이 사람과 진짜 제대로 된 콘텐츠를 만들 수 있겠다'는 마음이 든 최초의 순간이었다.

CHAPTER 2

깨어 있는 성인들의 대화

진정성의 힘

너의 이야기 우리가 들려줄게

옥 피디에게 「사운드 오브 시티」 기획을 원점에서부터 다시 논의해보자고 이야기한 그날 저녁. 우리는 기획자인 작가와 함께 광화문의 한 음식점에서 만났다. 지난 몇 달간 5G라는 신기술과 씨름해가며 기획안을 만들어온 옥 피디와 작가 입장에서는 느닷없이 기획을 변경하자는 나의 요구가 폭탄선언임이 분명했다.

채 과장 | 지금의 「사운드 오브 시티」 기획은 콘텐츠보다는 5G 기술 홍보를 위한 아이템들로 가득 차 있잖아요. 우리가 너무 여기에만 집중한 게 아닌가 하

는 반성이 들더라고요.

내가 운을 떼자 옥 피디의 날선 답변이 이어졌다.

옥 피디 | 지난 몇 달간 함께 스터디하면서 준비해온 기획을 버리고 완전히 새로운 콘셉트로 방향을 틀자는 건가요? 그럼 그동안 투입된 제작진의 시간과 비용은 어떻게 하죠? 방송 일정도 뒤로 밀리는 건요? 게다가 5G 기술 홍보는 채 과장의 요구사항이었잖아요!

채 과장 | 맞아요. 하지만 이 프로그램은 우리 둘, 그리고 양 사의 이름을 걸고 제작하는 콘텐츠잖아요. 특정 기술이나 상품의 홍보를 위한 것으로 전락해서는 안 된다고 생각해요. 시간이 조금 더 걸리더라도 정말 의미 있는 프로그램을 만들어봐요.

이날 나의 폭탄선언에 옥 피디가 백번 욕해도 할 말이 없다고 생각했다. '역시 너무 무리한 요구였나. 어쩔 수 없이 원안대로 진행해야 하는 건가…'라는 생각이 머릿속을 스쳐갈 때였다.

옥 피디 | 사실 저도 같은 생각이에요. 기술 홍보 때문에 프로그램 기획의 본질이 흐려지는 것 같아서 피디로서 마음이 아프긴 했어요. 시청자가 보고 싶어하는 콘텐츠를 만드는 게 우리 둘의 공통된 목표잖아요. 목표에 부합하는 아

이디어를 다시 나눠보시죠. 단 한 사람에게라도 좋은 영향력을 줄 수 있는 콘텐츠를 만들고 싶다는 게 제가 피디를 하는 이유거든요. 「사운드 오브 시티」의 원래 취지도 음악을 통해 위로와 공감을 전하는 거였고요.

채 과장 ㅣ 단 한 사람에게라도 좋은 영향력을 줄 수 있는 콘텐츠라… 멋지네요. 저는 '내 서비스를 미치도록 사랑할 사람 100명만 바라보고 만들자'라는 생각으로 일해왔어요. 진짜 팬덤이 있는 서비스만이 성공한다는 믿음이 있거든요.

옥 피디 ㅣ 음악이 주는 위로와 공감이 필요한 사람 딱 100명, 위로와 공감을 통해 선한 영향력을 줄 수 있는 사람 딱 100명을 찾으면 되겠네요.

채 과장 ㅣ 사회생활의 쓴맛을 알아가는 사회 초년생들의 이야기 같네요. 돌아보면 신입사원 때는 마냥 즐거웠어요. 실수하고 혼이 나도 크게 개의치 않았고, 원하는 일을 한다는 생각에 들떠 있었거든요. 그렇게 몇 년을 보내고 나니 번아웃이 오더라고요. '이 길이 맞는 건가' '지금 내가 잘 살고 있는 건가' 하는 생각들에 괴로웠던 적이 있어요.

옥 피디 ㅣ 나도 그랬어요. 내 삶에 확고한 믿음을 가지고 끈질기게 밀어붙일 수 있는 사람이 얼마나 되겠어요. 하지만 주변에 '똑바로 해!' '이것밖에 못해?'라고 채찍질하는 사람은 있어도 '잘하고 있어. 그리고 이런 방향도 있어'라고 위로하고 공감해주는 사람은 많지 않았던 것 같아요. 그래서 혼자 맨땅에 헤딩하며 아프게 깨닫고 힘들게 성장했죠.

채 과장 ㅣ 우리가 만드는 콘텐츠가 그런 시행착오를 조금이나마 줄여주고, 스스로를 더욱 사랑할 수 있게 도와주면 좋겠어요.

우리의 타깃 페르소나는 입사 3년 차 27세 직장인 여성

「사운드 오브 시티」를 과감히 포기한 그날, 속 깊은 대화를 오래도록 나눈 끝에 '위로와 공감을 바탕으로 선한 영향력을 줄 수 있는 프로그램'이라는 「고막메이트」의 기획의도가 탄생했다. 그리고 '누구'에게 '어떤' 프로그램으로 다가갈 것인지, '어떻게' 그 가치를 전달할 것인지에 관해 수많은 대화를 나누었다. 모든 기획의 시작이 그렇듯 타깃을 명확히 하는 일이 급선무였다.

나는 27세 여성 직장인이다. 3년 전 산업디자인과를 졸업하고 작은 중견기업에 취직했다. 아침에는 클라이언트와 디자인 회의를 하고 일과 시간 동안 밀린 작업을 친다. 하지만 오늘도 야근이다. 클라이언트가 또 계획에 없던 디자인 수정을 요청했다. 오늘 일찍 퇴근하고 크로스핏 하러 가야 하는데 벌써 두 번째 결석이다. 난 도대체 왜 취직을 한 걸까?

오늘 금요일인데 꼰대 부장이 회식을 하잖다. 금요일 회식이 웬 말인가. 제발 집에 좀 가시라고 하고 싶지만 공손히 선약이 있다고 말하고 빠져나왔다. 오늘은 집에 일찍 들어가 심신의 휴식을 취하기로 나 자신과 약속을 했다. 퇴근길에 괜찮은 시리즈 하나 찾아서 주말 내내 집에서 정주행할 거다.

밤새 드라마 정주행을 하고 눈을 뜨니 일요일 낮 2시다. 이번 주말엔 영어학원도 등록하고 디자인 콘퍼런스에도 참석하려 했는데 또 실패다. '이번 주는 너무 힘들었잖아. 나도 쉴 시간이 필요하지'라며 스스로를 달래본다. 곧 월요일이다.

우리가 설정한 타깃 페르소나는 '입사 3년 차의 27세 직장인 여성'이었다. 페르소나를 설정할 때는 최대한 상세하게, 손에 잡힐 듯 묘사하는데 이렇게 해놓으면 서비스 기획이나 마케팅 계획을 세울 때 방향 설정에 큰 도움이 된다. 이를 우리 콘텐츠 기획에도 접목시켜보았다.

＊우리 타깃 분석＊

내게 필요한 것	내가 어려워하는 것
번아웃을 헤쳐나갈 지혜	인생의 방향 설정
위로하고 공감해줄 조력자	판단하고 비난하는 꼰대들
나를 지지해주는 연애	그런 연애를 지속하는 방법
더 단단하고 자존감 있는 나	그런 나를 만드는 방법
나를 위해 일하는 것	돈을 위해 일하는 것

20대 후반, 우리의 페르소나로 설정된 사회 초·중년생들은 인생의 변화가 가장 드라마틱한 시기를 살아가고 있다. 성취에 대한 기쁨, 실패에 대한 두려움, 미래에 대한 불안함, 안정에 대한 강박 등에 사로잡혀 제대로 숨도 쉬지 못하고 앞만 보고 달리는 시기이다.

그래서 우리는 내 이야기를 털어놓을 수 있는 콘텐츠, 힘들 때 위로와 공감이 되는 콘텐츠, 따스한 노래 한 소절 들려줄 수 있는 콘텐츠를 만들고 싶었다. 몸과 마음이 지친 금요일 밤, 퇴근길에 보면서 위로와 공감을 넘어 치유를 선사해주는 그런 콘텐츠 말이다.

'너의 이야기 우리가 들어주고 노래로 들려줄게'라는 「고막메이트」의 결은 이렇게 탄생하였다.

난 술과 욕, 그리고 섹스 이야기를 하고 싶어요

"너 동거하면 엄마 확 죽어버릴 거야!"

10년 전, 동생은 프랑스로 유학을 떠났다. 대학에 입학하며 시작한 프랑스어에 특출난 재능을 보인 동생은 유학 준비 1년 만에 리옹 2대학에 합격했다. 기특하고 자랑스러운 한편, 첫째인 나와 열 살 가까이 차이 나는 늦둥이를 먼 타지로 보내야 하는 부모님은 걱정이 많으셨다.

특히 성(性)에 개방적인 유럽에 딸을 혼자 보낸다는 것이 마음에 걸리신 모양이었다. 어느 이른 아침, 어머니와 동생의 화상통화 내용이 귀에 꽂혔다.

"너 동거하면 엄마 확 죽어버릴 거야!"

"아니 나 아직 남자친구도 없거든!"

"어쨌든! 엄마는 너 동거하면 동네 창피해서 고개 들고 못 다니니깐 그런 줄 알아!"

어머니는 다양한 시민단체에서 활동하실 정도로 진보적인 분이셨지만 연애, 성과 관련해서는 매우 엄격하고 보수적이셨다. 아마 우리 부모님 세대는 누구라도 크게 다르지 않을 터였다. 나 또한 어렸을 때는 성에 관해 매우 보수적인 성향이었으니 말이다. 하지만 이 대화를 듣고 있자니 한마디 하지 않을 수 없었다.

"엄마, 혹시라도 ○○이 동거를 했다 치자. 그런데 중간에 헤어진 거야. 타지에 기댈 사람이라곤 아무도 없고 너무너무 힘들 거 아니야? 엄마한테라도 이야기하고 위로받고 싶은데 엄마는 확 죽어버린다고 했으니 말도 못하고 얼마나 힘들겠어? 우리가 ○○이를 사랑하고 진정으로 위한다면 '네가 어떤 일이 있어도 우리는 항상 네 편이야'라고 말해줘야 하지 않을까? 물론 그게 친구일 수도 있고 애인일 수도 있지만 가족이라면 가장 좋잖아. 그리고 사랑하는 사람이 생기면 같이 있고 싶고 자고 싶고 그런 게 이상한 건 아니잖아. 본인 스스로의 존엄성을 지키고 스스로의 삶을 선택하며 살아갈 수 있는 주체성 있는 사람이 되면 되는 거지. 그래서 유학도 보낸 거잖아."

어머니는 이날 많은 생각을 하셨다고 한다. 우리 둘을 키우며 본인이 당연하다고 믿는 것들을 너무나 자연스럽게 강요해온 건 아닌지…. 세상이 변했다는 걸 머리로는 알면서 가슴으로는 받아들이지 못하고 있진 않았는지….

물론 내가 동생에게 동거를 권유한 것은 아니다. 다만, 우리는 가족이어도 서로 다른 인격체이기에 각자의 삶의 방식이 있다는 것. 네가 어떤 선택을 하더라도 우리는 그 선택을 존중할 것이고, 늘 너의 편이라는 걸 알려주고 싶었을 뿐이다.

몇 년 뒤, 동생은 남자친구를 만나 그들만의 조용한 사랑을 키워갔고, 그 결과 우리 집에도 프랑스 사위가 생겼다.

섹스 이야기도 할 수 있는 편한 사람들과의 술자리 같은 콘텐츠

채 과장 | 사회 초년생들에게 모든 것이 낯설고 어려운 이유는 기성세대가 만들어놓은 고정관념과 정면으로 마주해야 하기 때문이 아닐까요?

옥 피디 | 동의해요. 세상은 변했는데 사회는 기존의 관습에 머무르기를 바라잖아요. 심지어 섹스나 연애 문제에서까지 말이죠.

채 과장 | 그래서 우리 콘텐츠는 가장 편한 사람들과의 술자리 같은 방송이었으면 좋겠어요. 꺼내기 어려운 연애나 섹스 이야기, 회사생활의 고충도 편안하게 이야기할 수 있도록 말이에요.

　나도 사회 초년생 때는 내 고민을 들어주고, 내가 지금 잘하고 있는지, 맞는 방향으로 가고 있는지 알려줄 멘토가 필요했다. 요즘은 사람이 아닌 유튜브가 그 역할을 하고 있다지만, 검색창에서 상위권을 차지하는 콘텐츠들은 자극적인 내용이 대부분이다. 다정한 언니나 형이 내 이야기를 들어주는 것 같은 위로와 공감의 콘텐츠는 찾기 어려웠다.

　그 역할을 「고막메이트」가 해주면 어떨까. 어떤 고민을 이야기하더라도 편안하면서도 실질적인 도움을 주는 콘텐츠. 상처를 꿰매주는 듯한 따뜻한 마음과 등을 토닥여주는 섬세한 손길을 지닌 언니 오빠가 내가 털어놓는 힘든 이야기들을 다 들어줄 것만 같은 콘텐츠.

고막메이트라는 비밀 상담소

　「오티스의 비밀 상담소」는 성 상담사인 엄마 덕분에 성에 대한 이론은 박식하지만 실전 경험은 전무한 '오티스'가 학교에서 가장 잘 나가는 일진 여사친, 게이 친구와 함께 학생들을 상대로 성 상담소를 열며 시작되는 넷플릭스 드라마이다.

'Sex Education'이라는 원제처럼 모범생, 일진, 동성애자 등 다양한 고등학생들의 현실적인 성 고민을 코믹하게 그린 드라마로, 자극적이거나 선정적인 측면에 집중하기보다 학생들의 진짜 고민을 진정성 있게 풀어나간다. 특히 선생님에게는 하기 어려운 이야기를 친구들에게는 좀 더 쉽게 털어놓고 문제를 해결해 가는 과정이 인상적이었다.

「고막메이트」도 딱 이런 콘텐츠이길 바랐다. 「고막메이트」는 디지털 콘텐츠로 방송 심의에서 비교적 자유로웠으므로, 조금 더 편안한 형식과 필터 없는 내용으로 이야기를 풀어나갈 수 있을 터였다. 가벼운 술을 곁들여 섹스 문제도 편견 없이 이야기할 수 있는 콘텐츠, 주제는 자극적이지만 산뜻한 전달법을 가진 진정성 있는 콘텐츠를 만들고 싶었다.

나는 옥 피디에게 두 번째 폭탄발언을 했다.

"옥 피디, 난 술과 욕, 그리고 섹스 이야기를 하고 싶어요."

깨어 있는 성인들의 대화

"아!!!!!! 사랑해!!!!!!!!!!!!!!!!!!!!!!!!"

몸을 뒤로 젖히며 화끈하게 소리 지르는 딘딘의 목소리가 지하 와인바에 울려 퍼졌다.

「고막메이트」 MC인 작사가 김이나, 데이브레이크 이원석 그리고 스페셜 메이트 10CM 권정열도 의자가 뒤로 넘어갈 정도로 껄껄 웃고 있다. 카메라 감독들도, 현장에 있는 작가들도, 전 스태프 모두 눈물을 훔치며 웃느라 촬영이 잠시 중단될 정도다.

모니터 뒤에서 전체 현장을 지켜보던 나는 그제야 안도의 한숨을 내쉬었다.

"이제 됐다! 됐어!"

총 누적 조회수 5백만 뷰, 총 댓글 3천 개를 넘어서 시청자들의 폭발적인 반응을 낳은 「고막메이트─깨어 있는 성인들의 대화」. 대박 콘텐츠의 시작이었다.

'술·욕·성' 고민의 시작

술과 욕, 섹스 이야기를 하고 싶다는 채 과장의 말에 나는 한동안 고민에 사로잡혔다. 유명 연예인들이 출연하는 프로그램에서 술과 욕, 게다가 섹스 이야기를 한다? 아무리 세상이 좋아졌다지만 참으로 어림없는 일이었다. 나는 채 과장에게 소리쳤다.

"누군 안 하고 싶냐고요?! 그런데 MC들이 한다고 하겠어요? 우리나라 방송이 19금 토크를 못하는 이유가 다 있다니까요?! 유교국가 아닙니까, 유교국가! 우리나라 정서에 안 맞아요!"

하지만 채 과장의 제안에는 진심이 배어 있었다. 특히 그의 여동생 이야기가 마음에 와 닿았다. 우리 사회에서 '성'은 여전히 금기시되는 주제다. 그렇기에 성에 관련한 문제가 생겼을 때 솔직히 털어놓고 이야기 나눌 수 있는 상대가 적고, 특히 사회 초년기에는 이런 문제들로 혼자 끙끙 앓다가 곪아터지기 일쑤다. 우리 일상과 밀접한 관련이 있는 '성'이라는 주제는 「고막메이트」 시청자들에게 꼭 필요한 이야기임에 분명했다.

그렇게 마음 한편에 술, 욕, 성에 대한 고민들을 남겨둔 채 「고막메이트」의 첫 시즌을 시작했다. 내 삶과 직접적으로 연관되어 있는 일상적인 고민을 주제로 시작한 「고막메이트」는 초반부터 좋은 반응이 이어졌다. 그리고 드디어 그 주제를 다뤄야 할 때가 왔다.

19금 콘텐츠의 힘 vs 진정성의 힘

우리가 19금 소재를 다루기로 한 데에는 전략적인 이유도 있었다. 「고막메이트」가 방송되는 주요 플랫폼 중 하나는 '유튜브'다. 하루에 자그마치 60년치의 동영상이 업로드된다는 유튜브 생태계에서는 자극적이고 강렬한 섬네일과 제목으로 시청자들의 시선을 사로잡는 것이 중요하다. 「고막메이트」 또한 강력한 흥행 소재인 '19금 콘텐츠'를 제작하여 초반에 입소문을 타고 싶었다.

물론 단순히 자극적인 소재로 시청자를 끌어오려는 것은 아니었다.「고막메이트」만의 19금 콘텐츠가 가진 진정성을 잘 이해한 시청자들이「고막메이트」의 찐팬이 되어, 지속적인 시청과 구독으로 이어지는 선순환을 만들고 싶었다. 하지만 어떻게「고막메이트」만의 결을 지키며 19금 이야기를 만들어낼 것인가?

「고막메이트」의 4MC인 김이나, 딘딘, 이원석, 정세운은 음악이라는 '본업'이 있는 사람들이며 일명 '순한 맛' 캐릭터로 유명한 사람들이다. 특히 이원석은「고막메이트」가 첫 예능이자 첫 MC 데뷔이며, 정세운은 약간의 스킨십이 포함된 고민 사연조차 아티스트가 추구하는 이미지와 결이 맞지 않으면 소속사에서 클레임이 들어오는 상황이었다. 그렇다면 결국 답은 '섬세함과 진정성'에 있었다.

산뜻한 19금 콘텐츠를 위한 섬세한 시도

「고막메이트」의 진정성을 제대로 알리는 건강한 19금 콘텐츠를 제작하자고 했을 때, 4MC의 머릿속에서 이런저런 걱정거리가 떠오를 것이 눈에 선했다. 나 역시 걱정들이 마음속에 수북이 쌓여갔다.

「고막메이트」의 메인 타깃 시청자들은 20~40대 여성이다. 우선 그동안 들어온 19금 고민 사연 중 가장 보편적인 사연을 골라 MC들과 사전 인터뷰를 통해 이야기를 나누고, 섬세하게 대본을 작성했다. 산뜻하고 무해한 「고막메이트」만의 섹스 토크. 하지만 그 속에 MC들의 건강한 성 가치관을 전달하는 것은 전적으로 제작진의 몫이었다.

녹화일이 하루하루 다가올수록 신경 쓸 일이 산더미처럼 쌓여 갔다. 하지만 그럴수록 마음을 다잡고 「고막메이트」만의 산뜻한 19금 콘텐츠를 탄생시키기 위한 디테일한 준비 작업에 돌입했다. 우선 출연자들의 19금 경험담이 담긴 사전 인터뷰에 평소보다 훨씬 많은 시간을 쏟아부었다. 주제가 '19금 섹스 토크'인 만큼 출연자들의 경험이 함부로 재단되지 않도록, 특히 짧은 콘텐츠 길이로 인해 행간의 의미가 잘못 전달되지 않도록 대본 체크도 철저히 진행했다.

출연자들이 몸도 마음도 편안한 상태에서 이야기를 꺼낼 수 있도록 환경을 조성하는 것 또한 연출자의 중요한 역할이다. 그렇기에 평소와 같은 SBS 스튜디오 녹화는 적합하지 않았다. 커다란 스튜디오의 환한 조명 아래, 수많은 카메라와 스태프가 지켜보는 가운데 '솔직한 섹스 토크'를 기대하는 것은 무리였다.

나는 과감하게 소수의 스태프만 꾸려 와인바에서 녹화하기로 결정했다. 여러 장소를 물색한 끝에 평소 자주 가던 이태원의 와인바 사장님께 전화를 걸었다.

"사장님, SBS 옥성아 피디입니다. 고막메이트에서 조금 어려운 주제를 다루려고 하는데요, 편안하고도 은밀한 공간이 필요해요. 지하 와인 창고를 촬영 장소로 대관할 수 있을까요?"

촬영팀이 오면 일단 매장이 어지럽혀지고, 그 시간만큼 매출이 주는 등 영업장에서는 반갑지 않은 일이다. 하지만 그동안 수없이 많은 와인 코르크를 따며 사장님과 친분을 쌓아온 덕분에 고맙게도 장소 협조를 받을 수 있었다.

편안히 이야기를 나눌 수 있는 지하 와인바만의 은밀하고도 색다른 그림을 위해 배경과 조명 등 촬영 준비에도 많은 공을 들였다. 지하 와인 창고의 공간이 생각보다 좁아서 카메라와 소품의 배치도 세심하게 신경 써야 하는 등 까다로운 작업도 많았다.

촬영 일정이 점점 다가오자 어깨가 뭉치고 스트레스로 위가 꼬이기 시작했다. 19금 콘텐츠를 제작하기로 한 결정에 나를 대신해 책임져줄 사람은 아무도 없었다. 피디란 최종적으로 책임지는 사람이니까. 갑자기 숨 막히는 불안감이 엄습해왔다. 다 그만두고 도망가고 싶은 기분이었다.

'내가 이걸 왜 시작해가지고 사서 고생이람!'

나를 믿어준 사람들, 고막메이트 4MC

「고막메이트」만의 진정성 있는 19금 콘텐츠를 만들어야 한다는 부담감과 불안에 휩싸인 나를 믿어준 믿음의 중심에는 MC들이 있었다.

특히 김이나 작사가는 맨 처음 「고막메이트」를 기획할 때부터 나의 유일무이한 원픽이었다. 그녀가 아니고서는 이 프로그램을 상상할 수도 없었다. 그런 그녀가 "필요한 19금 토크는 얼마든지 할 테니 걱정 말고 진행하세요"라는 톡을 보내주었을 때 얼마나 든든했던지!

자칫 분위기가 무겁게 흘러가려 할 때면 밝은 에너지의 딘딘이 유쾌한 농담으로 분위기를 바꿔놓았다. 딘딘은 딘딘이었다. 19금 토크를 자신의 경험담을 담아 야하지 않게, 유쾌하게 전달할 수 있는 흔치 않은 연예인 중 한 명이다. 그가 있었기에 정말 산뜻한 19금 토크가 완성될 수 있었다.

맏형 이원석은 어떤가. 고민 사연자에 대한 세심한 배려와 깊이 있는 조언으로 콘텐츠의 완성도를 높이는 한편 듣는 이의 마음까지 따뜻하게 해주었다.

촬영장은 웃음바다가 되었다가 격하게 고개를 끄덕이는 공감의 장이 되었다. 촬영장에서 눈물을 훔치며 웃는 출연자들의 편안한 토크를 들으며 우리는 성공을 직감했다.

「남친과의 첫 관계, 남친과는 달리 저는 이미 섹스 경험이 있어요」 대박 콘텐츠의 탄생

남친과의 여행 첫날밤 첫 섹스를 하게 될 것 같아요.ㅠㅠ 여기서 문제! 남친은 절 순진하다고 생각하는데 사실 전 전혀 순진하지 않거든요! 전 이미 성경험이 있어요! 스킨십에 서투른 척할 수도 없고 사실대로 말할 수도 없고….

– [고막메이트 Ep.10_ 섹스, 처음인 척 해야 하나요?]

10회를 보고 녹화 풀영상 풀어달라는 막둥이들이 많았던 거 알고 있습니다. 저희도 와인바에서의 찰진 19금 대화를 모두 넣을 수 없어서 아쉬웠습니다. 깨어 있는 성인들의 대화, 깨성대 모음집 보고 싶으셨죠? 그래서 준비했습니다! 고막메이트 11회, '깨어 있는 성인들의 19금 토크' 편! 10회에는 차마 못 담은 진짜 19금 아무 말 대잔치! 하지만 그 속에서도 또 교육적인, 으른들의 대화입니다. 함께 야한 얘기하고 싶은 막둥이들 모두 댓글로 집합!

– [고막메이트 Ep.11_ 깨어 있는 성인들의 19금 토크]

「고막메이트」 '깨어 있는 성인들의 대화' 1, 2회의 시청자 반응은 그야말로 폭발적이었다.

> ㄴ 대한민국이 다 아는 유명인들이 섹스 이야기하니까 너무 신선하다!
>
> ㄴ 건강한 사람들이 모인 다정하고 섹시한 야한 이야기! 너무 좋아요!
>
> ㄴ 김이나 작사가님이 직접 여성 자위에 대한 편견들을 이야기해주셔서 좋았습니다.
>
> ㄴ 성을 너무 가볍지도 무겁지도 않게 다뤄서 좋아요. 저급한 농담 없고, 불편한 사람 없고, 진짜 어른들이 모인 19금 방송이에요!
>
> ㄴ 고막메이트는 제작진들도 너무 좋은 것 같음. 자극적이고 편협하게 편집하지 않고 산뜻하고 건강하게 그림. 어디 하나 아쉬움 없는 프로그램인 듯. 고막메이트는 다르다.

시청자들의 폭발적인 지지와 공감 그리고 진심의 힘이 짜릿하게 나를 통과했다. 19금 콘텐츠라도 산뜻하게, 듣는 사람이 불쾌한 상상을 하지 않게, 건강하게 풀어낼 수 있었던 것은 전적으로 「고막메이트」를 아끼고 사랑하는 사람들이 가진 진정성의 힘 덕분이다.

갈비뼈 열두 개의 지옥

"사람의 뼈는 총 206개로 구성되어 있어요. 그리고 우리 가슴에는 열두 개의 갈비뼈가 있죠. 이걸 어떻게 보여주면 좋을까. 아! 네가 제일 말랐으니까 앞으로 한번 나와봐! 나와서 상의 좀 위로 걷어볼래?"

"네… 네? 어… 왜요?"

갈비뼈를 보여달라고요?

[고막메이트 Ep.60_ 친족 성추행 – 부모답지 않은 부모] 편의 녹화 현장. 잊고 있었던 오래전 경험이 떠올랐다.

　초등학교 6학년 초여름이었다. 학생들이 빼곡하게 들어찬 교실에는 선풍기 두 대가 시끄러운 소리를 내며 돌아가고 있었다. 교단에서는 담임선생님이 해골 모형을 세워놓고 갈비뼈의 구조에 대해 설명을 하던 중이었다. 그런데 그때, 담임은 느닷없이 나를 교단으로 불러 세우더니 상의를 걷어 갈비뼈를 보이라는 황당한 요구를 했다.

　머뭇거리던 내가 담임의 재촉에 얇은 반팔을 목 높이까지 걸어 올리는 순간, 반 전체는 웃음바다가 되었다. 평균 체중보다 미달이었던 내 상체는 예상대로 갈비뼈들이 적나라하게 드러나 있었고, 담임은 위에서부터 갈비뼈를 하나하나 손가락으로 짚으며 숫자를 세어나갔다. 열세 살의 나는 이게 성희롱인지도 모른 채 그저 선생님이 빨리 갈비뼈 열두 개의 셈을 끝내기만을 바랐다.

　"열하나. 열둘. 자, 갈비뼈 열두 개 맞죠?"

　드디어 사람의 몸에 열두 개의 갈비뼈가 있다는 것이 확인되는 순간, 영원과도 같았던 수치심의 순간이 드디어 끝이 났다. 마침 쉬는 시간이 되면서 교실 창밖까지 몇몇 아이들이 다가와 내 모습을 보며 웃고 떠들기 시작했다.

　그때, 가장 친한 친구인 A가 교실 문을 열고 들어왔다. 아직 수

업 중인 걸 몰랐던 모양이다. 담임은 황급히 내 옷을 내리며 자리로 돌아가라고 말했다. 그 순간은 분한 마음보다 가장 친한 친구에게 내 굴욕적인 모습을 들킨 게 창피한 마음이 더 컸다.

며칠의 시간이 흐르자 억울한 마음이 점점 커져갔다. 하지만 부모님께 말씀드릴 수는 없었다. 어린 동생이 크게 아파 몇 달째 대학병원에 입원해 있었기 때문에 가뜩이나 힘든 부모님께 걱정거리를 안겨드리고 싶지 않았다. 너무나 창피하고 자존심도 상했기에 더 이상 그 일을 떠올리고 싶지 않기도 했다.

전학을 가라고요? 싫은데요?

그리고 얼마 지나지 않아 이유를 알 수 없는 담임의 노골적인 괴롭힘이 시작되었다. 교실 뒤에 서 있게 하거나 방과 후 혼자만 교실에 남아 있게 하는 등 유치한 장난인 줄 알았던 괴롭힘은 점점 강도가 심해졌다. 심지어 수업 중에도 공공연히 '전학 가라'고 할 정도로 내가 학교를 떠나기를 종용했다.

'나한테 왜 그러나' 싶었지만 참고 지내기를 몇 달, 자모회에 다녀오신 어머니께서 물으셨다.

"요즘 학교에서 힘든 일 있었어?"

그 한마디에 나는 속절없이 무너졌다. 꽤 오랜 시간을 울었던 것 같다. 부모님은 네 잘못은 하나도 없다고, 엄마 아빠가 미리 알지 못해서 미안하다며 함께 우셨다. 그리고 내가 당한 일이 얼마나 부당한 것인지, 의연하게 대응하고 있는 내가 얼마나 대견한지 알려주셨다. 엄마 아빠가 지켜줄 테니 걱정 말라는 말과 함께.

난 잘못한 게 없고 부당한 일을 당하고 있었다는 걸 깨닫자 힘들어야 할 사람은 내가 아니라 담임이어야 한다는 확신이 생겼다. 이후 부모님은 담임에게 수차례 사과를 요구했지만 받아들여지지 않았고, 오히려 담임의 괴롭힘은 일상이 되어버렸다. 등 굣길마다 담임과 나의 황당한 대화가 이어졌다.

"너 아직도 전학 안 갔니?"

"제가 왜 전학 가야 하는데요? 가고 싶으면 선생님이 가세요."

초등학생과 담임선생님의 대화라는 게 믿어지는가. 지금 생각해도 나는 놀랍도록 당당했다.

그리고 긴 입원 끝에 동생이 퇴원하던 날, 담임의 악행은 정점을 찍었다.

장대비가 억수같이 쏟아지던 날이었다. 담임은 "너 전학 가. 꼭 전학 가라. 난 너랑 같은 학교 못 다녀." 하고는 비가 들이쳐 물이 흥건한 복도 바닥에 나를 무릎 꿇린 채 어머니를 기다리게 했다.

담임의 호출에 곧장 학교로 뛰어온 어머니는 하굣길 복도를 가득 메운 학생들 사이에서 나를 마주했다. 어머니는 조용히 나를 일으켜 세우고는 홀로 상담실에 들어갔고, 담임과 내용 모를 고성이 오갔다.

그 후, 담임이 우리에게 무릎을 꿇고 사과하기까지 3년의 시간이 걸렸다.

내가 잘못했다고요?

사건의 전말은 이러했다. 갈비뼈 사건을 목격한 친구 A의 아버지가 우리 가족에게도 알리지 않고 학교장에게 이 사건을 고발했다. 그러나 교장과 학교는 피해자를 보호하는 대신 담임에게만 조용히 이 사실을 알렸고, 담임은 이 문제를 덮기 위해 나를 괴롭혀 전학을 보내려 한 것이다. 그렇게 영문도 모른 채 괴롭힘을 당하고 있던 차에 뜻밖의 구원투수 B가 나타났다.

나의 하교 메이트였던 B의 부모님은 같은 학교 선생님이었다. 어느 날 B가 집에 오더니 가방을 집어던지며 "엄마 아빠도 학교에서 애들한테 그렇게 해?"라며 울음을 터뜨렸다고 한다. B는 나에 대한 담임의 성희롱과 지속적인 괴롭힘을 빠짐없이 이야기했고, 그날 밤 두 분이 함께 우리 부모님을 찾아오셨다.

B의 부모님을 포함해 부당함에 동감한 몇몇 선생님들이 동참하면서 탄원서가 준비되었다. 담임이 나를 빗속에 무릎 꿇렸던 시점이 바로 이때였다.

선생님들의 조사를 통해 담임이 이전 두 학교에서도 비슷한 전적이 있다는 것이 밝혀졌다. 나까지 세 명 모두 마르고 똘똘한 남학생이라는 공통점이 있었다. 지체장애와 고도비만을 앓고 있던 본인 아들에 대한 콤플렉스로 정반대인 아이들을 괴롭혀온 것 같다고 했다.

지옥 같은 3년의 시간

그 사실이 알려지고 나서 주변에서도 내가 당한 일들을 모두 위로하고 공감해주었다. 법을 통한 통쾌한 복수는 없었지만 억울한 피해자로 남지도 않았다. 그리고 3년 뒤 자사고에 합격해 입학을 앞두고 있던 어느 겨울날, 담임이 우리 집을 찾아왔다. 담임은 같은 아파트 바로 옆 라인에 살고 있었다. 그 20여 미터를 걸어오는 데 3년이란 시간이 걸린 것이다.

"합격 축하해. 그리고 선생님이 미안했어. 한 아이의 엄마이기도 한 제가 어머님 아버님께도 용서받지 못할 짓을 저질렀습니다. 정말 죄송합니다."

"……."

"가끔 집 앞에 길게 뻗은 학교 옆길에서 우리 둘이 마주쳤잖아. 그런데 넌 한 번도 날 피하지 않고 똑바로 보면서 걸어오더라. 네가 3년 동안 키가 많이 컸잖아. 난 3년 동안 그 길이 너무 힘들고 무서웠어. 나중에는 그 길에 들어설 때마다 네가 길 끝에 있나 살펴보게 되더라. 퇴근 때마다 그 길을 지나는 게 정말 지옥 같았어."

그 사건을 잊고 지냈던 나와 달리 담임은 3년의 시간이 지옥 같았다고 했다. 같은 아파트 같은 동에 살면서 얼마나 마주칠 일이 많았을까. 그때마다 죄책감과 부끄러움에 몸을 숨겼을 모습을 생각하니 통쾌하기도 했다. 담임이 돌아가고 나서 나는 그가 선물이라며 사온 책을 쓰레기통에 던져버렸다.

상처는 사라지지만 아픈 기억은 오래 남는다

내가 피해자로서 당당할 수 있었던 것은 온전히 내 편이 되어주는 부모님과 주변 사람들, 그리고 B의 용기 있고 정의로운 한 방이 있었기 때문이다. 「고막메이트」의 가장 큰 힘이기도 한 공감을 통한 치유의 힘이란 이런 것이 아닐까.

　부모님이, B가, 선생님들이 상처에 깊이 공감해주고 너의 잘못이 아니라고 말해주었기에 상처가 아물 수 있었다. 가해자의 처벌도 사과도 없었던 3년이라는 시간을 억울해하지 않으면서 보낼 수 있었다.

　이 에피소드를 쓰다가 잃어버린 기억의 조각을 맞추기 위해 어머니께 전화를 걸었다. 묵은 감정의 서랍을 여는 순간 둘은 또 한참을 울었다. 상처는 사라져도 아픈 기억은 오래가는 법이다.

　「고막메이트」를 통해 '성'에 대해 이야기하고 싶었던 것도 이런 이유에서였다. 유독 성범죄 사건에서는 피해자가 숨어 살고 가해자는 두 발 뻗고 사는 이상한 일이 빈번히 일어난다. 「고막메이트」 Ep.60 친족 성추행 회차처럼 온전히 내 편이어야 하는 부모가 가해자인 경우도 있다. 그렇기에 더더욱 내 상처에 공감해주고, 아픔을 보듬어주며, '네 잘못이 아니야'라고 말해줄 수 있는 '온전한 내 편'이 필요하다. 「고막메이트」가 바로 그런 '편'이 되어주고 싶었다. 부당한 괴롭힘에 고통받던 내게 손 내밀어준 많은 사람들처럼.

이 거대한 위로 퍼레이드 앞에서

아빠한테 성추행을 당했어요. 혼자 끙끙 앓다가 엄마한테 털어놨는데 엄마는 아무에게도 말하지 말고 조용히 있으래요. 이 세상 누구도 제 편이 아닌 것 같아요. 저 이제 어쩌면 좋을까요?

– [고막메이트 Ep.60_ 친족 성추행 – 부모답지 않은 부모]

친족 성범죄를 다룬 내용을 기획하고 제작을 준비하면서 아무도 이를 달가워하지 않으리란 걸 잘 알고 있었다.

실제 우리나라 성범죄 피해자 10명 중 1명은 친족 성범죄 피해자이고, 그 가해자 중 40퍼센트는 친부모라고 하지만 아빠에 의한 성추행이라는 무거운 사연에 조회수를 기대하긴 어려웠다. 또한 행여나 논란이 될까 걱정하는 SBS와 seezn, 이러한 주제에 관해 쉽사리 말하기 어려울 출연자들도 생각해야 했다. 무엇보다 방송이 나간 후 고약하고 폭력적인 사람들의 댓글로 인해 오히려 용기를 낸 사연자(막둥이)가 상처받지 않을까 걱정이었다.

매주 금요일 저녁 6시, 가슴이 쿵쾅거리는 시간

사실 나는 아직도 「고막메이트」 본편이 공개되는 매주 금요일이면 심장이 쿵쾅거린다.

'오늘 콘텐츠도 문제없이 잘 나갈까, 사연에 대해 논란은 없을까, 혹시라도 4MC 중 누군가 오늘 방송분 편집에 기분 상하진 않을까, 오늘 방송 게스트가 홍보를 잘 해줘야 조회수가 잘 나올 텐데 다들 제시간에 개인 SNS에 잘 올려줄까….'

TV 프로그램을 만들 때도 방송 시간이 다가오면 최종 종편에서 놓친 오탈자는 없을지, 제대로 광고가 붙었을지 등 강박이 있었는데, 유튜브 콘텐츠를 만들 때도 마찬가지다. 아니, 유튜브는 더하다. 콘텐츠 업로드 이후 실시간으로 시청자의 피드백을 확인할 수 있으니까 말이다.

게다가 어떤 경험은 차마 말이나 글로도 꺼내놓기 어려운데, 아빠에게 성추행을 당한 경험을 주제로 한 콘텐츠라니. 시청자 댓글과 방송 후 반응을 확인할 생각에 심장이 쿵쾅대다 못해 밖으로 튀어나오는 기분이었다.

그럼에도, 우리가 '함께' 이 프로그램을 지속하는 이유

젠더를 떠나 위계에 의한 성희롱, 성추행, 성폭행 사건이 발생했을 때 심지어 그 피의자가 가족일 때, 단 한 사람이라도 우리 프로그램을 보며 위로와 공감, 나아가 직접적인 도움이 되길 바라며 「친족 성추행 – 부모답지 않은 부모」 편을 제작했다.

좀 더 전문적인 조언을 구하고자 정신건강의학과 전문의 양재웅 원장님을 섭외했고, 성범죄 발생 시 상담센터 번호도 세심하게 네 곳을 선정하여 자막으로 넣었다. 언니, 오빠처럼 진심 어린 조언과 위로를 전해준 고메즈 4MC의 귀함은 더 말할 것도 없다. 특히 "막둥아, 정말 잘 왔어. 절대 네 잘못이 아니야. 오늘 양재웅 원장님도 모셨으니까 꼭 도움 받고 갔으면 좋겠다"라고 다정하게 말 걸어주며 본인의 경험담도 용기 있게 꺼내놓은 김이나 작사가가 있어서 우리 모두의 진심이 온전히 전해질 수 있었다.

폭발적인 공감과 위로, '절대 막둥이 잘못이 아니야'

김이나 | '내가 느낀 불편함을 밖으로 꺼내서 말했다'는 경험은 너무나 소중해. 어렵겠지만 막둥이가 준비되었다면 부딪혀봤으면 좋겠어. 그리고 부모답지 않은 부모들이 너무 많아. 부모가 아닌 다른 관계 속에서도 우리는 충분히 안정감을 느끼면서 살아갈 수 있어. 막둥이도 그런 새로운 관계들을 많이 만들어갔으면 좋겠다.

딘딘 | 막둥아, '나는 나 스스로 지키겠다'는 마음가짐은 필수야. 안타깝지만 가족이 나서서 나를 지켜주지 못한다는 사실을 인정해야 해. 가족들은 침묵을 원하지만, 그건 결국 나 자신을 죽이는 행위야. 누가 나를 함부로 대하지 못하게 내가 나를 지켜야 해.

이원석 | 바람직한 부모란 '내 편이 있다'는 경험을 하게 해주는 사람이라고 생각해. 사회에 나가기 전, 관계에 대해 제대로 된 첫 교육을 시켜주는 사람. 그런 엄마에게 이런 일을 털어놨는데 '조용히 하라'고 했으니 이미 아빠, 엄마에게 상처받은 막둥이가 다시 엄마에게 말하기는 쉽지 않겠지. 혼자서 힘들면 보호받을 수 있는 루트도 있어. 도움받을 수 있는 센터에 보호를 요청하는 것도 권해주고 싶어.

이에 화답하듯 시청자들 역시 수많은 댓글로 자신의 아픈 경험을 털어놓으며 위로와 공감을 나누었다. '사람들이 과연 막둥이의 마음에 공감해줄까, 이 상황에 감정이입을 할 수 있을까, 혹시나 몰지각한 사람들이 저열한 댓글을 쓰지는 않을까' 하며 밤새 잠 못 이룬 나의 걱정은 완벽하게 기우로 판명 났다.

> └ 여기 댓글만 해도 친족 성추행 피해자들이 많다는 게 너무 충격입니다. 저
> 중에서 제대로 보호를 받은 사람이 몇이나 될까 싶어 씁쓸하기도 하고….
> 막둥아 용기 내줘서 고마워. 우리가 위로와 응원을 보내고 있다는 거 알고
> 있었으면 좋겠다.

> └ 김이나 작사가님 말 너무 공감돼요. 어릴 땐 아무것도 모르다가 자라면서
> '아 그게 성적인 행동이었구나'를 깨닫는 순간, 그때부터 평생 트라우마가
> 되는 거예요. 자신의 경험담을 언제나 담담하게 풀어내 주시는 김이나 작
> 사가님 정말 정말 감사드립니다. 힘을 얻는 막둥이들이 많아요.

> └ 영상 보고 눈물이 나네요. 왜 울었는지 모르겠어요. 제 과거는 괜찮아졌다
> 고 생각했는데 아니었나봐요. '친족 성추행'이라는 어려운 주제를 다뤄주
> 셔서 감사합니다. 이런 일들이 세상 밖으로 나와 우리 주위에 분명히 있는
> 피해자들을 위해 공론화되면 좋겠어요.

> └ 저는 저만 이런 일이 있는 줄 알았어요. 이 영상 자체가 너무나 큰 위로가
> 되네요. 과거의 일이었지만 계속 지니고 있는 기억이에요. 꼭 부모님과 관

계를 억지로 회복하려고 하지 않아도 괜찮아요. 절대로 막둥이 잘못이 아니에요. 이 사연을 채택하고 제작해준 고막메이트와 용기 내준 사연자 막둥이 모두 너무 고마워요.

슬프도록 아름다웠다. 우리는 이 불완전하고 가혹한 세계에서 각자의 아픈 기억을 꺼내놓으며 서로를 위로하고 있었다. 서로 연대하고 지지하며 따뜻하게 치유하는 장이 펼쳐지는 모습을 바라보고 있자니 마음속 깊은 곳에서 뭉클함과 뿌듯함이 피어올랐다.

마치 거대한 '위로 퍼레이드' 속에 놓여 있는 듯한 기분이었다. 눈물 나게 좋았다. 내가 그 행렬에 함께한다는 것이. 그 퍼레이드가 바로 우리 「고막메이트」라는 사실이 미치도록 자랑스러웠다.

나는 내 신념의 깃발을 크게 흔들며 그 퍼레이드의 가장 앞에 서고 싶었다. 누구도 혼자 살 수는 없으니까. 서로 위로하고 보듬으며 응원하고 지지하는 것이 우리가 「고막메이트」를 만드는 가장 큰 이유니까.

깊은 유대를 기반으로 한 진심 어린 위로와 공감

이처럼 고메즈 4MC 김이나, 딘딘, 이원석, 정세운의 역할은 깊은 유대를 기반으로 사연자들의 이야기를 들어주는 것이다. 때론 누군가 내 이야기를 들어주는 것만으로도 꼬인 문제의 실타래를 풀어낼 용기를 얻지 않는가.

「고막메이트」의 시청자들은 스스로 고민을 헤쳐나갈 힘을 가진 단단한 존재들이다. 그렇기에 우리는 고민을 해결해주는 것이 아니라, '내가 그 상황이라면 어땠을까' '상대방은 그때 어떤 감정이었을까' 하는 공감의 마음으로 막둥이들의 고민을 있는 그대로 수용하고 4MC의 견해를 나눈다. 그 진솔한 이야기를 듣는 것만으로도 해결의 실마리를 찾아낼 수 있다고 믿기 때문이다.

사랑, 우정, 인간관계, 심리, 사회생활 등 인생의 폭넓은 고민을 들어주고, 그에 맞는 노래를 들려준다. 때로는 따뜻한 말로, 때로는 마음을 움직이는 목소리로 위로하고 공감해준다. 이래라 저래라 말하기보다 스스로의 경험담을 담담히 들려주는 선배 같은 존재. 그래서 내가 책임감 있는 선택을 하게 해주는 등대 같은 존재. 거기에 「고막메이트」의 지향점이 있다.

「고막메이트」는 이 커다란 이정표를 따라 여기까지 올 수 있었다. 여느 콘텐츠와는 다른 우리만의 '결'을 지키며.

CHAPTER 3

고막메이트의 가치를 더하다

관계성의 힘

'하면 된다'가 아니라 '되면 한다'

100퍼센트의 남자아이를 만나는 일에 관하여

그날의 공기와 햇살의 질감이 아직도 기억난다. 스물한 살의 초여름, 나는 지하철 3호선 옥수역 플랫폼 위에 서 있었다. 지하철을 환승해서 고속터미널역으로 친구를 만나러 가는 길이었다. 옥수역은 지상에 있는 역이라서 뚫려 있는 철로 맞은편으로 기분 좋은 초여름 햇살이 비쳐 들어오고 있었다. 그 햇살 사이로 나는 네 걸음쯤 떨어진 플랫폼 위에 서 있는 남자애를 보게 되었다.

그 순간, 그야말로 심장이 쿵 하고 발끝까지 내려앉았다. 무라카미 하루키 식대로 표현한다면 '100퍼센트의 남자아이를 만나는 일에 관하여'라는 글을 바로 쓸 수 있을 것 같았다. (그로부터 17년이 지난 후, 정말 그 남자애에 관한 글을 쓸 줄이야…)

그 아이는 180센티미터는 족히 넘어 보이는 큰 키에, 오른쪽 어깨에 기타를 둘러메고, 큐피트와 같은 곱슬곱슬한 파마머리를 하고 있었다. 줄이 긴 이어폰으로 음악을 듣는 듯 표정이 즐거워 보였다. 나는 순간 흡 하고 숨을 멈추었다. 내가 꿈꾸던 완벽한 외모의 이상형이 내 눈앞에 서 있는 것이다. 나는 단박에 생각했다. '어떻게 하면 저 남자애와 만날 수 있을까.' 가슴이 쿵쾅거리고 호흡이 가빠왔지만, 이윽고 지하철이 도착하고 나는 자연스럽게 같은 칸으로 따라 탔다. 옥수역에서 강을 건너 압구정역으로 가는 열차 안, 나는 계속 그 남자애 쪽을 주시하고 있었다. '어떻게 하면 말을 걸 수 있을까, 어떻게 하면 내 이상형을 놓치지 않을 수 있을까.'

그런데 그때, 나와 두 사람 건너 서 있던 그 남자애의 휴대폰이 울렸다.

"여보세요? 네, 저 맞습니다. 제 번호는 017-3*7-8*77, 네 맞습니다."

그 애가 자기 전화번호를 누군가에게 불러주고 있었다! 하느

님 감사합니다! 세상에 이런 일이! (시간이 흐르고 나는 정말로 그 프로그램을 연출하게 된다.) 나는 그 번호를 놓치지 않겠다는 일념으로 계속해서 머릿속으로 되뇌었다. 그리고 그 애가 압구정역에서 내리자마자 그 번호로 바로 문자를 보냈다.

안녕하세요? 저는 방금 같은 칸 열차에 탄 옥성아라고 합니다. 이상한 사람 아니니 오해는 말아주세요. 그쪽이 정말 제 이상형이라 용기 내어 한번 연락해보았습니다. 번호는 방금 전화로 불러주시는 걸 듣고 외웠습니다. 제가 궁금하시면 00000@hanmail.net으로 메일 보내주시면 정식으로 제 소개를 하겠습니다. 어쩌면 이런 신기한 인연으로 우리가 좋은 친구가 될 수도 있지 않을까요?
(이 문자에 대한 답장이 아직도 나에게 남아 있다.)

그렇게 그 남자애와 본격적인 교제를 시작했고, 그 후로도 꽤 오랫동안 내 인생에 빛나는 추억을 가득 선물해주었다.

지금 생각해도 정말이지 용기백배한 내 인생 최초의 섭외였다. 이상형을 놓치지 않겠다는 마음으로, 만약 거절당한다고 해도 '다시 볼 사이 아닌데 뭐 어때?' 하는 생각이었던 것 같다.

나중에 만나고 보니 그 남자애는 음악을 하는 친구로, 당시 오디션을 본 곳에서 연락이 와서 자신의 이름과 번호를 확인하던 중이었다. 어떻게 그 순간, 이런 기막힌 우연이! 그리고 그 우연을 놓치지 않았던 나의 빠른 판단력과 대담한 추진력이 맞아 떨어져 미남을 쟁취하게 된 것이다!

이렇게 한 번씩 나의 대담한 추진력에 나도 놀랄 때가 있다. 그로부터 17년의 세월을 건너뛰어 비교적 최근의 의미 있는 섭외를 소개하자면, 소녀시대 티파니 영과의 만남이었다.

소녀시대 티파니(Tiffany)가 아닌, 딥파니(Deepfany)

내가 가진 소녀시대 티파니 영에 대한 이미지는 단순했다. 예쁘고 블링블링한 대한민국 대표 걸그룹 소녀시대 멤버. 하지만 2021년부터 SBS 「티파니와 아침을」이라는 프로그램을 연출하면서 그녀에 대한 이미지가 180도 바뀌게 되었다.

티파니를 처음 만난 건 2020년 SBS 모비딕 스튜디오에서 진행했던 '영동대로 K-POP 콘서트'에서였다. 나는 그날 현장 지원을 하러 나갔는데 메인 MC인 티파니 영을 담당하게 되었다.

생방송 전 대본 리딩을 하러 공연장에 마련된 간이 천막으로 들어가 티파니를 만난 순간, 나는 알 수 있었다. 그녀는 진짜 프로라는 것을. 생방송은 예상치 못한 돌발 변수가 많아서 약속된 대본을 그대로 소화해내는 것만 해도 긴장되는 일이다. 그래서 자신의 생각을 더하거나 애드리브를 날리는 것은 오랜 경험의 베테랑 MC들에게도 쉽지 않다. 그런데 그날 티파니의 큐카드(대본을 진행 순서대로 정리해놓은 진행용 카드)를 보는 순간, 정말이지 깜짝 놀랐다.

큐카드에는 대본 구절 하나하나마다 티파니만의 새로운 메모가 적혀 있었다. 어떤 문장은 그녀의 말에 맞게 어미를 추가하였고, 어떤 문장은 빼곡하게 영어로 수정이 되어 있었다. 나는 속으로 탄성을 지르며 그녀의 큐카드를 한참 동안 바라보았다.

'이 사람 진짜구나. 진심으로 자기 일을 사랑하는구나.'

내가 자신의 큐카드를 보는 것을 눈치챘는지 티파니가 다정한 눈웃음을 지으며 다가와 말했다.

"피디님, 이 부분 이렇게 바꾸면 어떨까요?"

피디로서 출연자가 최선을 다해 프로그램에 임해주는 것만큼 기쁜 일이 있을까. 나는 빼곡히 메모가 적힌 그녀의 큐카드를 함께 보며 이야기를 이어나갔다.

"생방송이니까 여기는 대본대로 이렇게 진행하고, 이 부분에서 티파니 씨가 전하고 싶었던 이야기를 추가하는 건 어떨까요?"

"좋아요!"

그렇게 서로 응원하고 격려하며 대본 리딩을 하다 보니 순식간에 생방송 시간이 다가왔다. 스탠바이 10분 전… 5분 전… 무대에 선 티파니는 생방송 시작 전 계속해서 큐카드를 보며 외우고 또 외우고 있었다. 나는 마음속으로 기도를 보냈다.

'잘 해낼 거예요! 파이팅!'

역시나 그녀는 멋지게 잘 진행했다. 마치 마법처럼 한국어와 영어를 오가며 생방송으로 통역하고, 진행하며, 출연한 가수들을 격려했다. 그 모습을 보며 나는 생각했다.

'이런 식으로 그녀를 스쳐 보내기는 싫은데…. 저렇게 진짜로 자신의 일을 사랑하는 사람과 같은 방향을 바라보며 프로그램을 만들고 싶은데….'

그로부터 반년이 지난 2021년 여름, 나는 티파니에게 편지를 썼다.

안녕하세요? SBS 옥성아 피디입니다.

작년 SBS 영동대로 K-POP 콘서트에서 MC로 티파니 영을 처음 만났던 날을 선명하게 기억해요. 큐카드에 있는 멘트를 본인 입에 맞게 빽빽하게 써놓고, 현장 상황에 맞추어 센스 있게 말을 바꾸며, 피디인 나에게 생방송 중간 중간에도 의견을 묻던 기억. 그날 이후 저는 아름답고 지혜로운 티파니 영에게 한눈에 반했답니다. 그리고 다짐했어요. 꼭 내 프로그램의 MC로 맞아 멋지게 사는 사람들의 이면에 있는 단단한 루틴을 공유하는 프로그램을 만들겠다고! 사람들에게 라이프 멘토가 되어 그 긍정 에너지를 전달할 수 있는 사람은 티파니 영! 당신뿐입니다! 나와 함께 닮고 싶은 멋진 멘토들을 만나 그들의 루틴을 시각화하고, 내 삶뿐만 아니라 시청자들의 삶에도 긍정 에너지를 전하는 프로그램을 함께 만들어봐요!

(후략)

그녀가 내 진심을 알아줄까. 현장에서 만난 티파니는 '진짜'였지만, 과연 내가 생각하는 「티파니와 아침을」이라는 프로그램의 가치에 공감해줄까. 그리고 '진짜로' 나와 함께해줄까.

나는 떨리는 마음으로 편지를 인쇄하고, 그녀가 주인공 록시 하트 역을 맡아 공연 중인 뮤지컬 「시카고」와 어울리는 블랙&레드 톤의 꽃다발을 준비해서 디큐브 아트센터로 출발했다. 그날따라 가까운 거리였던 목동과 신도림 사이의 예상치 못한 교통체증으로 약속시간에 늦을까봐 마음이 초조해졌다.

약속 시간 1분 전, 택시에서 내려 바람처럼 공연장으로 달려 올라가는데, 무언가 허전했다. '아뿔싸…' 티파니에게 진심을 다해써 내려간 내 섭외 편지를 택시에 두고 꽃다발만 들고 내린 것이다. 마치 주먹을 한 대 맞은 듯한 기분이었다.

'이제 어떻게 하지…'

초조한 마음으로 공연장에 도착했을 때는 이미 공연 시작 전이라 그녀를 만날 수 없었다. 담당 매니저에게 꽃다발만 전달하고 돌아서는데 나 자신에게 화가 나 눈물이 날 것 같았다. 사실 나는 물건을 잘 잃어버리는 타입이 아니다. 그런데 하필 내가 공들여 기획 중인 「티파니와 아침을」의 메인 MC를 섭외하기 위하여 몇 날 며칠을 고쳐 쓴 중요한 섭외 편지를 택시에 두고 내리다니! 이게 어떻게 잡은 약속인데!

하지만, 어떤 상황에서든 대안을 찾는 것이 피디의 덕목이 아닌가! 나는 곧바로 남편에게 전화를 걸었다.

"내 이메일 계정 비밀번호를 알려줄게요. 임시보관함에 있는 [티파니에게]라는 제목의 이메일을 한 부만 인쇄해주세요. 지금 바로 퀵을 보낼 테니까 디큐브 아트센터로 보내주세요!"

다행히 며칠 동안 수정에 수정을 거듭하며 섭외 편지를 써 내려간 덕분에, 내 이메일 임시보관함에 [티파니에게]라는 편지가 저장되어 있었다.

누군가에겐 그저 단순한 편지지만, 그 행간의 의미를 읽는 누군가에겐 진심으로 가닿기를 바라며, 그리고 그 사람이 티파니가 되기를 바라며, 퀵으로 받은 편지를 매니저에게 전달하고 꽤 어둑해진 디큐브 아트센터를 돌아 나왔다. 나는 나의 최선을 다했으니 후련한 마음이었다.

하루 뒤, 티파니에게서 연락이 왔다. 나와 함께하겠다고. 나중에 매니저분께 듣기로 티파니는 그날 내가 쓴 편지에 큰 감동을 받았다고 한다. 섭외할 때 이렇게 긴 편지를 직접 써서 건네준 피디는 처음이었다고. 자신을 알아봐준 사람이라는 생각에 MC를 맡기로 결정했다고.

티파니와 아침을

「티파니와 아침을」은 성공한 사람들의 이면에는 그 자리에 오르기까지 단단한 루틴이 있음을 전제로 MC 티파니 영이 그 루틴을 함께 배워보고, 시청자들에게 함께할 것을 제안하는 긍정 에너지의 프로그램이다. 그녀는 내가 쓴 장문의 섭외 편지를 읽고 그 긍정 에너지와 함께해주길 바라는 내 진심에 공감했다. 나아가 대한민국 최고 걸그룹 멤버로서 스스로의 영향력을 잘 알고 있었고, 그것을 좋은 방향으로 나누고 싶어 했다. 바로 내가 콘텐츠를 만들면서 추구하는 바와 정확히 일치했다. 서로 지지하고 응원하며 연대하는 프로그램, 그 가치에 공감하는 MC라니! 내 편지 행간의 진심을 읽어준 티파니 영과 함께 의미 있는 프로그램을 만들겠다고 마음을 다졌다. '마지막의 마지막까지 방법을

찾고, 최선에 최선을 다 해보길 정말 잘했어!'

안 하면 가능성은 0퍼센트, 하면 50퍼센트. 그래서 '하면 된다'가 아니라 '되면 한다'인 것이다. 먼저 걱정부터 하지 말고 일단 시도해보시죠, 여러분!

'하면 된다'가 아니라, '되면 한다'

'열 번 찍어 안 넘어가는 나무 없다'는 말에 대하여 여러분은 어떻게 생각하시는지? 사실 나는 이것만큼 폭력적인 말은 없다고 생각한다. 상대의 의사나 기분과 감정은 아랑곳하지 않은 채 내 뜻만 강요하는 것으로 비쳐지기 때문이다.

그래서 나는 섭외할 때 진심으로 내 마음을 전하되, 상대가 아니라고 하면 깨끗이 물러난다. 열심히 준비했지만 인연이 아닐 수도 있고, 용기를 내었지만 상대방이 내 진정성을 몰라줄 수도 있다. 내 탓이 아닌 일로 일일이 상처받을 필요는 없다. 진심으로 전심전력을 다했다는 것이 중요하다. 최선에 최선을 다한 경험, 결국 그것이 우리를 성장시킨다. 그래서 나의 모토는 '하면 된다'가 아니라, '되면 한다'이다.

시작은 거절이었다

"그런데 피디님, 저는 이거 못할 거 같아요"

2019년 6월 말 늦은 오후, 맞은편에 앉은 김이나 작사가의 차분한 거절의 말을 듣자마자 나는 눈앞이 캄캄해졌다.

왜냐하면 「고막메이트」는 처음부터 김이나에 의한, 김이나를 위한, 김이나에 대한 프로그램이나 마찬가지였기 때문이다. 2안은 없었다. 김이나, 그녀와 함께 「고막메이트」를 만드느냐, 만들지 않느냐 둘 중 하나였다. 나는 빠르게 뛰는 맥박을 수습하며 침

착하게 이야기를 이어나갔다. '되면 한다'가 나의 모토였지만 이번만은 정말 꼭 되게끔 해야 했다.

옥 피디 ｜ 작사가님, 혹시 걱정되는 부분이 있으신가요?

김이나 ｜ 스스로를 돌아보니 프로그램을 할 때 제가 전심전력을 다하는 스타일이더라고요. 그래서 이렇게 고민 사연을 바탕으로 조언을 해주는 프로그램일 때, 제가 너무나 진이 빠지더라고요. 대본대로 그냥 하면 모르겠는데 그게 안 되니까….

옥 피디 ｜ 아… 그렇군요. 그러니까, 저는 김이나 작사가님과 꼭 이 프로그램을 해야만 해요. 우리는 결국 지향점이 같은 사람들이니까요.

섭외의 진심

"연예인들 섭외 어떻게 하면 되나요?"

나는 이 질문부터 잘못되었다고 생각한다. '연예인 vs 일반인'으로 카테고리를 나누어 서로 갈라치기 하는 것. 대체 연예인은 무엇이고 일반인은 무엇이란 말인가. 그럼 김이나는 연예인인가 일반인인가, 아니면 요새 유행하는 연반인(연예인과 일반인 반반)인가.

'너희는 우리와는 다른 부류의 사람들이니, 이만큼 돈을 줄 거고, 준 만큼 최대한 뽑아낼 거야' 하는 소위 '방송국놈들'의 마인드. 첫 단추부터 이렇게 시작되면 출연자와 제작진 간에는 서로 대립각을 세울 수밖에 없다. 계산과 본전을 앞세운 각자의 셈법이 우선시되고, 당장 내가 얻는 눈앞의 이익(시청률, 출연료)만을 고집한다면 결국엔 관계가 틀어지고 프로그램을 성공에 이르게 할 수 없다.

그래서 "○○○은 얼마 줘요?" "○○○ 출연료 비싸죠? 피디님이 소개해주면 네고할 수 있을까요?" 같은 말을 들으면 그저 막연해진다. 나는 한 번도 그렇게 섭외해본 적이 없기에···.

'어떻게 김이나를 섭외했냐'는 질문을 여러 번 받았다. "진심을 다했어요"라고 대답했더니 얌전 뺀다고 한다. 하지만 그게 사실이기에 다른 덧붙일 말이 없다. 김이나도, 딘딘도, 이원석도, 정세운도 모두 진심을 다했다. 결국 그것이 가장 중요한 섭외의 본질이기 때문이다.

그동안 내가 만든 프로그램의 MC들은 모두 진심을 다해 프로그램에 임해준 사람들이었다. 욕심을 내려놓고 진솔하게, 유행에 휩쓸리지 않고 자신답게. 이제 시청자들은 꾸며진 모습을 단번에 알아본다. 그리고 금세 등을 돌린다.

다름을 존중하는 위로와 공감의 콘텐츠가 될 거예요

"작사가님의 말씀 충분히 이해돼요. 타인의 이야기를 들어주고 대화를 나누는 것은 실로 엄청난 에너지를 소모하는 일임을 너무나 잘 알고 있어요. 하지만 우리 프로그램은 콘텐츠로 유대감을 쌓으며 위로와 공감을 전달하는 콘텐츠가 될 거라고 감히 말씀드리고 싶어요."

김이나 작사가를 섭외하기 위해 나는 진심을 다해 「고막메이트」의 목적과 방향성에 대해 설명했다. 그녀가 우려하는 부분은 충분히 공감이 갔다. 사실 고민 사연을 읽어주는 프로그램은 이미 많이 존재한다. 그리고 이런 프로그램에 등장하는 대부분의 사연들은 이른바 막장드라마를 방불케 할 정도로 독한 경우가 많다. 고민의 무게와 진폭이 크고 독해야 프로그램이 눈에 잘 띄기 때문이다. 그렇다 보니 출연진도 녹화 후 감정의 진폭이 클 수밖에 없다. 하지만 나는 「고막메이트」를 김이나, 딘딘, 이원석, 정세운 네 사람과 함께 자극적인 요소 없이 평화롭고 단단하게 만들어나가고 싶었다.

"고막메이트에서는 억지로 감정을 만들거나 인위적으로 편집하지 않을 겁니다. 위로와 공감을 바탕으로 시청자의 고민을 듣고 담담히 자신의 이야기를 들려주는 프로그램이에요. 그렇게 되도록 저와 제작진이 섬세하게 준비하겠습니다. 이 다정한 여정에 꼭 함께해주세요."

결국 우리가 같은 방향을 바라보고 있는가

섭외를 할 때 내가 첫 번째로 두는 가치가 있다.

'우리가 같은 방향을 바라보는 사람인가. 내가 웃음이라고 생각하는 포인트와 상대방이 웃음이라고 생각하는 포인트가 같은가. 우리가 옳다고 생각하는 지점은 혹은 불편하다고 생각하는 지점은 같은가.'

나에게 MC는 곧 나의 페르소나이며 프로그램의 목소리를 또렷하게 대변하는 사람이다. 거대한 콘텐츠의 바다에서 우리만의 색깔을 내는 프로그램을 함께 만들어갈 수 있는 사람. 그런 관계를 만들기 위해서는 사람에 대한 애정, 긍정적인 면을 보는 마음이 전제되어야 하고, 서로 같은 마음으로 유대감을 가지며 신뢰를 쌓아가는 과정이 선행되어야 한다.

처음 「고막메이트」를 시작할 때만 해도 고메즈 네 명에 대해 잘 알지 못했다. 당연히 지금도 완전히 알지 못한다. 하지만 지난 3년의 시간 동안 서로의 새로운 재능, 따뜻함, 지혜, 포용력과 융

통성을 발견하며 함께 이 여정을 꾸려가고 있다. 덕분에 사람에 대한 재능의 발견과 프로그램의 콘셉트가 맞아 떨어지고, 브랜드가 되고, 스토리를 쌓으며, 거기에 끈끈한 팬덤이 더해져 함께 성장하고 있다.

관계성 맛집, 고막메이트

「고막메이트」를 자신의 분신 같은 프로그램으로 생각하는 김이나 작사가가 자이언티를 섭외해오고, 이에 질세라 딘딘도 신승훈 씨께 직접 전화를 걸어 「고막메이트」 출연을 부탁했다. 이원석도 정세운도 사연에 맞는 노래를 자신만의 색깔로 편곡하고 부르는 수고를 마다하지 않는다. 나아가 딘딘의 라디오 SBS 「Music High」에 정세운과 이원석이 출연하고, 김이나의 라디오 MBC 「별이 빛나는 밤에」에 고메즈 4MC가 출연하는 등 「고막메이트」는 명실공히 플랫폼을 뛰어넘는 관계성 맛집이 되었다.

왜 이토록 고메즈 4MC는 가까운 사이가 되었을까? 그건 바로 그들이 대본 이상의 케미스트리로 자신의 경험담을 스스럼없이 꺼내놓는 솔직한 사람들이기 때문이다. 그리고 막둥이의 고민 사연에 함께 울고 웃으며 하나라도 더 도움되는 이야기를 해주고 싶어 하는 따뜻한 사람들이기에 프로그램과 출연자를 뛰어넘는 '찐 메이트'가 될 수 있었다.

콘텐츠는 진심의 힘으로 성장한다. 「고막메이트」는 다양한 삶의 모습을 존중하고 따뜻한 유대감을 품은 커뮤니티로 성장해왔다. 찐 메이트 고메즈, 그리고 막둥이와 함께.

막둥이의 탄생

전 국민이 다 아는 김춘수의 시 「꽃」에서 강조하는 것은 '꽃'이라는 사물과 '나'와의 관계성이다. 이를 「고막메이트」에 치환하여 말한다면 '꽃'은 '고막메이트'이고 '나'는 '시청자'이다. 시청자는 이름이 붙여지기 전에는 단지 '하나의 몸짓'에 지나지 않았지만, 우리가 '막둥이'라 이름 짓고 불러주면서 서로에게 '의미'가 부여되었다.

'고막메이트'와 '막둥이'는 서로의 이름 불러주기(Calling), 강력한 유대감 쌓기(Build Up), 선순환 커뮤니티 만들기(Relationship),

이 세 가지 과정을 통하여 의미 있고 지속적인 관계를 형성해나
가기 시작했다.

1단계. 서로의 이름 불러주기, Calling

모든 것의 시작은 이름을 불러주는 데에서 출발한다. 이름을
불러주는 관계가 되면 뭔가 특별해진다는 걸 「고막메이트」의 팬
덤인 '막둥이'의 이름을 지으며 깨달았다. 서로에게 특별한 이름
을 붙이고 긴밀한 관계를 맺는 것은 인간의 본성 중에서 기묘하
면서도 사랑스러운 부분이 아닐 수 없다.

「고막메이트」는 2019년, 시즌 1부터 시청자들을 '고막메이트'
의 '막' 자를 따서 '막둥이'라고 이름 지었다. 「고막메이트」를 보는
사람들이라는 뜻도 있지만, 「고막메이트」의 막내를 뜻하는 애칭
이기도 하다. 이름을 불러준다는 것은 그 대상과의 진정성 있는
관계를 맺는 첫 단계다. 그래서 언니, 오빠가 아끼는 동생에게 건
네주는 위로와 공감이라는 「고막메이트」의 기획의도에 딱 맞는
시청자 애칭이 탄생했다.

「고막메이트」뿐만 아니라 요즘 콘텐츠들은 시청자들과 긴밀
한 관계를 구축하기 위해 시청자들의 애칭을 지어주는 경우가

많다. 「고막메이트」는 막둥이, tvN 「유 퀴즈 온 더 블럭」은 자기님, MBC 라디오 「김이나의 별이 빛나는 밤에」는 부엉이 등이 있다(별밤지기인 김이나 작사가는 대장 부엉이다). 모두 끈끈한 팬덤을 보유한 콘텐츠라는 공통점이 있다.

이 마음들이 맞닿아 막둥이들도 네 명의 MC를 지칭하는 이름을 지어주었다. 바로 '고막메이트의 MC들'이라는 의미의 '고메즈'였다. 이후로 4MC들은 시청자들을 스스럼없이 '막둥이'라 부르며 지속적이고 의미 있는 신호를 보냈고, 막둥이들 역시 4MC를 '고메즈'라 부르며 서로간의 연결된 유대감을 확인해가기 시작했다.

2단계. 강력한 유대감 쌓기, Build Up

서로 이름을 불러주는 관계가 된 이후에는 밀도 높은 유대감을 쌓아나가는 과정이 필요했다. 우리는 '막둥이'와 '고메즈'가 시청자와 출연진의 관계가 아닌 힘들 때 먼저 생각나는 언니, 오빠와 같은 관계이기를 바랐기 때문이다.

'고메즈'가 "사연자님, 용기 있게 사연 보내줘서 고마워요"라고 하는 것보다 "우리 막둥이 잘 들어. 우리는 네 편이야. 용기 있게 사연 보내줘서 고마워. 여기서 위로받고 가면 좋겠다"라고 할 때 서로의 시공간이 순식간에 좁혀지고, 같은 장소에서 마주 보고 다정하게 내 이름을 불러주며 말을 건네는 것 같은 기분이 드는 것이다.

콘텐츠는 지속적인 커뮤니케이션을 통해 성장한다. 그래서 우리는 「고막메이트」를 내 곁에 살아 숨 쉬는 언니, 오빠 같은 존재로 여기게끔 하기 위해 지난 3년간 모든 콘텐츠의 댓글에 대댓글을 달아주고 함께 위로와 공감을 나누는 작업을 진행해왔다.

매주 금요일 저녁 6시 「고막메이트」 업로드 시간이 되면 김이나, 딘딘, 이원석, 정세운의 개인 SNS에 방송분 하이라이트 업로드를 요청하고, 첫 댓글로 바로가기 링크를 남기고, 「고막메이트」의 각기 다른 홍보 채널인 페이스북, 유튜브, 인스타그램 등에 채널 성격에 맞게 재편집한 콘텐츠를 업로드하고, 모든 시청자의 반응에 피드백하며 소통한다.

매주 반복되는 이 과정들은 사실 제작진의 공력이 엄청나게 소모되는 일이다. 실제로 평균 댓글 1~3천 개가 넘어가는 「고막메이트」 콘텐츠에 일일이 '막둥이'라고 불러주며 모든 댓글에 답변을 다는 작업은 「고막메이트」를 사랑하는 수많은 이들의 노력과 애정이 바탕이 되었기에 가능했다.

그러나 지속적이고 반복적인 노력들이 쌓여 유대감이 만들어지고, 의미 있는 관계를 형성하며, 「고막메이트」를 지지하는 강력한 팬덤으로 연결되어, 결국 롱런하는 콘텐츠의 기반이 된다는 것을 확신하기에 지금까지 변함없이 진행해오고 있다.

시청자와의 유대감을 쌓는 데 있어 꾸준함은 특히 중요하다. 미디어를 통해 꾸준하게 콘텐츠를 선보이는 것은 물론이고, 지속적이고 반복적인 소통으로 신뢰를 쌓아나가야 한다. 우리는 이런 점을 기억하며 2019년 10월 첫 런칭 이후, 세 시즌을 이어오는 시간 동안 디지털계에서 보기 드문 장수 프로그램으로 꾸준하게 콘텐츠를 만들어냈다. 막둥이와 함께한 시간이 소중하듯 앞으로 서로 함께 만들어갈 시간도 기대되는 이유이다.

3단계. 선순환 커뮤니티 만들기, Relationship

막둥이의 이름을 불러주고 모든 댓글에 대댓글을 달면서 만들어진 유대감은 막둥이들 상호간의 소통을 통해 더욱 끈끈하게 발전해나갔다. 이에 발맞추어 우리는 「고막메이트」가 하나의 커뮤니티가 되어 편안하고 자주 찾는 공간이 되기를 원했다. 그래서 다양한 방식의 참여와 소통의 장치들을 준비했다.

매 회차 다양한 고민 사연들이 방송되고 나면 이 주제에 대한 여러 생각을 나눌 수 있도록 유튜브 「고막메이트」 커뮤니티 탭을 통해 토론을 진행했고, 트위터, 인스타그램 스토리를 활용하여 막둥이들이 사연에 대한 의견을 나누거나 다음 회차에 진행할 주제에 대해 투표할 수 있도록 했다.

이렇게 막둥이들은 커뮤니티 안에서 건강한 집단적 논의를 통해 여러 사람의 각기 다른 생각을 받아들이고 감정을 교류하는 긍정적인 경험을 쌓아나갔다. 그리고 프로그램에 직간접적으로 참여하며 「고막메이트」에 더 큰 애정을 가지게 되었다. 그리고 이는 출연자인 고메즈 4MC, 나아가 제작진에 대한 믿음과 애정으로까지 발전했다.

이렇게 콘텐츠에 대해 애정을 가지고 소통을 하며 쌓은 끈끈한 유대감을 기반으로 「고막메이트」 커뮤니티에 대한 몰입도는 더욱 깊어지고, 콘텐츠를 한층 단단하게 하는 선순환 구조가 만들어졌다.

저마다의 길을 걸어 나가는 세상의 모든 막둥이들에게 따뜻하게 빛나는 손전등 같은 위로가 되길 바라는 마음으로 제작하고 운영해온 우리의 작은 노력들이 밀도 높은 커뮤니티 콘텐츠라는 귀한 결과로 돌아온 것이다.

선순환의 커뮤니티 콘텐츠

이제 미디어는 평평해졌다. TV와 극장 등 소수의 플랫폼을 통해서만 콘텐츠를 즐길 수 있는 세상이 아니다. 우리는 말 그대로 콘텐츠의 바다에 살고 있으며, 수많은 콘텐츠를 내 취향에 맞게 선택하고 즐기는 시대를 살고 있다. 더 이상 플랫폼을 가지고 있는 것만으로는 경쟁력이 될 수 없다. 글로벌화된 다양한 플랫폼의 수많은 콘텐츠 중 스스로의 본질과 색깔을 잃지 않으며, 그 결을 좋아하는 팬덤을 가진 콘텐츠가 가장 강력하다고 할 수 있다.

시청자들은 콘텐츠에 애정을 가지고, 그다음 출연자에 애정을 가지며, 최종적으로 제작진에 대한 믿음과 애정을 품게 된다. 여기까지 이르게 되면 콘텐츠와 팬덤이 주고받는 선순환 구조로 그 세계관은 더욱 깊어지며 지속가능해진다.

「고막메이트」는 감사하게도 이런 선순환의 커뮤니티를 만들어나가는 중이다. 「고막메이트」가 앞으로 어떤 모습으로 발전해나갈지 기대되는 이유이다.

막둥이와 직접 만나는 시간

딘딘 | 여러분 안녕하세요~ 고막메이트입니다~ 오늘 녹화 마치고 여러분들과 만나러 라이브 방송을 켰어요!

채 과장 | MC분들 잠시만요! 라이브 방송이 안 나가고 있는 것 같아요. 잠시 뒤에 다시 할게요.

옥 피디 | (속삭임) 채 과장, 어떻게 된 거예요? 다시 시작해요? 어떻게 해요? 빨리 해결해주세요!!!

등 뒤에 식은땀이 흐르고 가슴이 조여온다. 모두가 날 바라보는 시선을 온몸으로 받는 중이다. 눈앞에서는 출연자들이 벌써 세 번째 방송 시작 멘트를 반복하고 있다. 무언가 잘못된 게 분명하다. 지난번과 동일한 설정인데 왜 라이브 방송 화면이 먹통인지 알 수가 없다.

시청자들은 언제 방송이 시작되는 거냐며 줄기차게 채팅을 올리고 있고, 출연자들과 제작진은 어떻게 된 거냐며 빨리 해결해 달라고 나를 닦달하고 있다. 수년간 방송국에서 생방송을 진행한 경험이 있는 옥 피디와 달리 난생 처음 겪는 이 상황에 어찌할 바를 모르겠다. 각종 설정값을 만져봤지만 반응이 없다. 1분이라는 시간이 이렇게나 길었나? 영겁의 세월이 지난 것 같다. 지난주의 상황을 복기해봤다.

'방송 세팅을 끝내고, 내 컴퓨터에서 시작 버튼을 누르고 권 대리가 준비됐다고 하면, 큐사인을 내고 화면을 전환… 권 대리?'

그 순간, 사내 방송 시스템의 시작 버튼을 누르지 않았다는 것을 깨달았다. 지난주에는 라이브 방송 경험이 있는 권 대리가 찾아와 사내 시스템의 시작 버튼을 대신 눌러주었다. 개발된 지 얼마 되지 않은 자체 라이브 시스템이었기에 모든 게 생소했다. 너무나 기본적인 실수를 한 것을 깨닫자 얼굴이 화끈거렸다.

더 자주, 더 가깝게, 더 진솔하게 다가가기

「고막메이트」 라이브 방송은 「고막메이트」가 방송되기도 전인 첫 녹화날부터 seezn 앱 단독 방송으로 시작됐다. 프로그램 홍보 목적으로 녹화 도중 시청자들과 간단한 인사 정도를 나눠보자는 취지로 방송 제목도 '녹화장 생방송'으로 지었다. 별도 제작비를 책정하지 않은 아이디어성 시도였기에 개인 노트북에 무료 프로그램을 깔고 웹캠을 장착해 방송을 시작했다.

그렇기에 내부의 반대도 많았다. 대고객 서비스인데 직접 송출하다가 방송사고라도 생기면 내가 모든 책임을 져야 한다는 것이었다. 일리 있는 지적이었다. 하지만 한정된 제작비와 마케팅 예산 내에서 최대한 시청자와 직접 만나는 접점을 늘리기 위해 어느 정도의 위험은 감수하기로 했다. 디지털 콘텐츠는 시청자가 직접 검색하거나 유튜브 알고리즘에 의해 발견되지 않는 이상 잠재 시청자에게 선택되기가 쉽지 않다. 따라서 적은 수의 시청자가 콘텐츠를 접하더라도 최대한 도달을 늘려 자발적인 입소문을 유도할 수 있어야 했고, 옥 피디와는 프로그램 기획 단계에서부터 이를 위해 많은 준비를 했다. 그중 하나가 '녹화장 생방송'이었다.

첫 녹화부터 워낙 케미가 좋았던 네 명의 MC들은 대본 없이도

자연스럽게 생방송을 진행해나갔다. 아직 콘텐츠 본편이 공개되기도 전이었지만 4MC의 팬들이 '녹화장 생방송'을 찾아와 채팅창은 북적북적했다.

김이나 | 고막메이트 첫 촬영 현장인데요. 저희가 촬영 중간 쉬는 시간에 라이브를 켰습니다. 촬영이 너무 잘되고 있어요. 세운 씨, 행운이(정세운 팬덤의 애칭)들도 많이 들어오신 것 같은데요. 1화를 봐야 하는 이유가 뭐죠?

정세운 | 1화를 봐야 하는 이유! 스포를 조금 해도 되나요? 아, 채팅창에서 스포하지 말래요. ㅎㅎㅎ

딘딘 | 채팅창에 '선우정아 씨 한 번 나왔으면 좋겠어요'라고 댓글이 달렸어요.

이원석 | 오~ 선우정아 씨 너무 좋죠.

「고막메이트」 첫 번째 시즌, 여러 번의 생방송을 진행하면서 두 가지 가능성을 보았다.

첫 번째는 매번 달라지는 생방송 시간에 맞춰 늘 찾아오는 막둥이들이 있다는 사실이었다. 「고막메이트」의 본편이 매주 금요일 저녁 6시에 맞추어 편성되는 것과 달리 '녹화장 생방송'은 말 그대로 녹화장에서 진행되었으므로 현장 상황에 따라 방송 일정이 하루 전날 공지되었다. 그럼에도 불구하고 많은 막둥이들이 이 시간에 맞추어 seezn 앱을 찾았다. 그리고 그중 다수는 생방송뿐만 아니라 「고막메이트」 본편을 정주행한, 「고막메이트」에 진심인 찐 막둥이들이라는 것을 채팅을 통해 알 수 있었다.

두 번째는 생방송을 통한 직접적인 소통 경험이 「고막메이트」에 대한 더욱 깊은 애정으로 연결된다는 것이었다. 팬이 스타를 만나 사인을 받거나 함께 사진을 찍을 순 있지만 서로간의 친밀감을 쌓기는 어렵다. 하지만 온라인에서는 채팅 기능을 이용해 쉽게 친밀감 있는 관계가 될 수 있다. 특히 편안한 반존대로 진행되는 '녹화장 생방송'은 막둥이들과 4MC 간의 관계, 프로그램과 팬덤과의 관계를 더욱 가깝게 만들어주었다. 이렇게 만들어진 친밀감은 프로그램에 대한 애정과 시청 습관 형성이라는 선순환 구조를 만들어냈다.

막둥이와 일상을 공유하는 녹화장 생방송

위에서 언급한 두 가지 가능성을 바탕으로, 「고막메이트」 시즌 2를 시작하면서 '녹화장 생방송'을 '오늘은 이 노래'라는 생방송으로 발전시켰다.

'오늘은 이 노래'는 출연자들이 녹화장에 오는 길에 들은 노래를 가지고 함께 이야기를 나누는 생방송이었다. 출연자들이 오늘 들은 노래로 시작해 자연스럽게 일상을 공유하면 채팅창에는 막둥이들의 하루 근황이 쉬지 않고 올라왔다. 또한, 막둥이들이 원하는 '오늘의 노래'를 신청하면 아티스트들이 즉석에서 직접 불러주는 선물 같은 코너도 준비했다.

옥 피디는 공동제작 계약서에 포함되어 있지도 않은 '녹화장 생방송' 준비와 섬네일 제작, 홍보 이미지 제작을 도맡았다. 출연진들도 회차를 거듭하면서 이 시간을 즐기게 되었다. 오늘 녹화장에서 있었던 일들을 일기처럼 이야기하기도 하고, 서로의 생일파티를 생방송으로 진행하기도 했다.

'굳이' seezn까지 찾아 들어와 생방송에 출석하는 고정 시청자들이 눈에 띄게 늘었다. "찐 막둥이는 우리 생방송까지 다 찾아와요. 맞지?"라며 너스레를 떠는 김이나 작사가의 멘트가 익숙해졌고, 게스트들도 생방송에서 자신의 히트곡을 몇 소절씩 불러주며 방송이 더욱 풍성해졌다. 출연진들은 막둥이들의 작은 노력을 놓치지 않고 칭찬해주었다. "여기까지 오느라 고생했어"라고 말이다.

막둥이들도 이에 반응했다. 생방송 공지가 뜨면 각종 커뮤니티에 막둥이들의 자발적인 홍보 글이 올라왔고, 공지 트윗은 불티나게 리트윗되었다. 그리고 시즌 3을 시작하며 진행한 특별 '녹화장 생방송'에서는 고민을 들어주기만 하는 4MC 고메즈를 위해 막둥이들이 고민 해결사로 나섰다. 고메즈가 고민을 이야기하면 막둥이들이 채팅으로 자신만의 해결법을 올려주는 구성이었는데, 평소와는 반대로 네 명의 MC들이 막둥이들로부터 위로와 공감을 받는 시간이 되었다.

이런 경험들은 막둥이들이 서로 격려하고 다정한 위로를 건네는 선순환의 커뮤니티로 발전되었다. 생방송에서 채팅으로 소통하던 경험은 사연자에 대한 진심 어린 댓글로 이어졌다. '너만 그런 게 아니야'라고 위로하고 공감하며, 서로의 상처가 치유되고 괜찮아지길 진심으로 바라는 댓글들로 인해 「고막메이트」라는 콘텐츠는 더욱 풍성해졌다.

"너는 장미보다 아름답진 않지만, 그보다 더 진한 향기가~"

채팅창을 통해 신청곡이 쏟아진다. 작은 휴대폰 속 화면에는 둥근 원탁에 고메즈 네 명과 레전드 가수인 신승훈 씨가 둘러앉아 이야기를 나누고 있다. 기타를 메고 있는 신승훈 씨는 신청곡들을 즉석에서 불러준다. 화면 가득 그의 감미로운 목소리가 울려 퍼진다. 채팅창에는 신청곡과 함께 기분 좋은 감상글들이 쉴 새 없이 올라오고, 다른 MC들도 이 광경이 신기한지 감상 모드로 그의 노래를 듣고 있다. 불과 15분 동안 진행된 이 방송에 1만 명이 넘는 시청자가 참여했다. 이 프로그램을 만들며 가장 뿌듯하고 믿기지 않는 순간 중 하나였다.

작은 사고들도 있었다. 하지만 어렵고 힘들다고 시도하지 않으면 아무 일도 일어나지 않는다. '변화는 의미 있고 지속적인 노력을 통해 만들어진다'는 옥 피디의 말처럼, 작은 웹캠을 가지고 시작한 과감한 시도는 「고막메이트」가 더욱 탄탄한 팬덤을 가진 커뮤니티 콘텐츠로 발전해가는 밑바탕이 되었다.

"라이브 다시 연결되었습니다. 힘차게 시작해볼게요. 3, 2, 1 큐!"

찐 막둥이를 위하여

막둥이와 더 친해지기

「고막메이트」 첫 번째 시즌은 기대 이상의 결과물을 보여주었다. 매 회차 캡처되어 인터넷을 달구는 '갓이나 명언모음.zip'의 주인공 김이나의 탁월함. 늘 자신의 경험을 스스럼없이 꺼내놓으며 항상 대본 이상의 역할을 하는 딘딘의 유쾌함. 「고막메이트」 최고 연장자다운 원숙함에서 나오는 이원석의 깊이 있는 조언과 따뜻한 목소리. 정세운과 딘딘의 환상적인 케미와 감미로운 어쿠스틱 음악까지 기획 단계에서 생각했던 것 이상으로 합이 좋은 콘텐츠가 탄생했다.

「고막메이트」의 핵심 포인트인 친근한 언니 오빠, 형 누나의 진심 어린 위로와 공감에 MC들과 게스트들의 반짝이는 노래가 곁들여지면서 시청자들이 반응하기 시작했다. 구독자가 급상승했고 곧바로 조회수 백만이 넘는 에피소드들이 속속 등장했다.

첫 백만 뷰 콘텐츠는 바로 정세운이 아이유의 「Blueming」을 어쿠스틱 버전으로 편곡한 라이브 콘텐츠였다. 아이유가 자신의 SNS에 올려서 더욱 폭발적인 반응을 불러일으켰던 정세운 버전 「Blueming」은 그야말로 명작이었다. 그만의 색깔로 편곡한 놀라운 음악성, 탁월한 라이브 실력, 카톡창에 대화가 꽃피는 느낌으로 보이게끔 가사의 자막 작업에 공들인 제작진의 센스와 표현력이 더해져 아름다운 콘텐츠가 완성되었다.

정세운은 몇 주 뒤에도 깊은 감동을 안겨주었다. [고막메이트 Ep.19_ 안 그러고 싶은데 무의식중에 남들과 나를 비교해요] 편에서도 막둥이의 마음이 왜 그런지 들여다보고 상대에게 배울 점이 있는지, 그리고 나만의 장점이 무엇인지 살펴보자는 고메즈의 조언 위에 트와이스의 「Feel Special」을 어쿠스틱 버전으로 새롭게 탄생시켰다. 정세운의 목소리와 감미로운 기타 선율이 한데 어우러져 막둥이의 무너진 자존감을 담담하게 위로해주었다.

정세운의 목소리는 별 같다. 겨울 밤하늘 홀로 깨끗하게 빛나며 나의 마음을 담담하게 위로해주는 별. 그의 손끝에서 기타와 함께 새롭게 탄생된 「Blueming」, 「Feel Special」과 같은 고막라이브는 그의 목소리처럼 「고막메이트」를 한층 빛내주었다.

더불어 4MC들도 너무나 편안하고 좋은 프로그램이라며 발 벗고 나서서 친한 아티스트들을 섭외해오기 시작했다. 「고막메이트」를 찐 메이트로 생각해주는 MC들 덕분에 신승훈, 폴킴, 에릭남, 자이언티, 잔나비, 선우정아, 헤이즈, 브레이브걸스, B1A4 산들, 10CM 권정열 등 국내 최정상 아티스트들이 출연해 '고막메이트 아티스트 커뮤니티'를 구축했고, 이에 시청자들이 꾸준히 챙겨 보는 콘텐츠로 입소문을 타기 시작했다.

하지만 우리의 고민은 여기서 끝나지 않았다. 우리는 서로의 이름 불러주기(Calling), 강력한 유대감 쌓기(Build Up), 선순환 커뮤니티 만들기(Relationship)에서 한 단계 더 나아가 「고막메이트」가 더 사랑받는 콘텐츠가 되기를 바라며 고민에 고민을 거듭했다.

찐 막둥이를 위하여

채 과장 | 고막메이트를 굳이 한 회차 먼저 보기 위해 seezn까지 오는 사람들이라면 정말 찐팬 아닐까요? 강력한 팬덤이 있어야 우리 콘텐츠가 오래 지속될 수 있을 테니 이를 유도할 특별한 장치가 있으면 좋겠어요. seezn까지 찾아오는 찐팬들이 더욱 많아질 수 있도록 말이에요.

옥 피디 | 찐팬들이 많아야 우리 콘텐츠가 오래 지속된다는 말에 완전 동의해요. 유튜브 댓글에 보면 seezn에서 선공개 회차를 보고 유튜브로 넘어와서 다시 보는 시청자들이 많이 있더라고요.

채 과장 | 맞아요. 팬덤은 나의 노력에 대한 보상 심리에서 출발하거든요. 고막메이트 유튜브 채널에서는 제작진이 댓글을 직접 달아주는 문화가 있으니 이미 선공개로 봤더라도 댓글 커뮤니케이션이 궁금해서 다시 한번 와서 보는 시청 습관을 형성할 수도 있지 않을까요?

옥 피디 | 좋아요. 어떻게 하면 막둥이들이 우리 콘텐츠를 더 사랑할 수 있을지 고민해봅시다.

우리의 목표는 막둥이들이 「고막메이트」에 더 깊이 몰입하게 하는 것이었다. 오랜 기간 콘텐츠를 제작하며 얻게 된 우리의 공통된 철학이 있었다. 바로 사람들은 '스스로 노력해서 얻은 것에 더 큰 애착을 느낀다'는 사실이었다.

심리학에 인지부조화(cognitive dissonance)라는 이론이 있다. 사람들은 본인의 상황과 실제가 다를 경우, 그 차이에서 발생하

는 불편한 감정을 해소하기 위해 둘을 일치시키고 이를 합리화
한다.

내가 많은 노력을 기울여 얻어낸 결과라면 그 가치를 훨씬 더
큰 것으로 믿어버린다거나, 반대로 많은 노력을 기울였음에도
불구하고 결과가 좋지 않다면 그다지 노력하지 않았다고 생각해
버리는 식으로 말이다. 그래서 어렵게 얻은 것일수록 그 소중함
은 커진다.

우리는 이러한 인지부조화를 이용해 '찐 막둥이라면 seezn에
서 한 회차 먼저 고막메이트를 본다'라는 시청 습관을 만들어주
고 싶었다.

seezn에서 일주일 먼저 최신 회차를 시청하기 위해서는 스토
어에서 앱을 찾아 설치하고 회원가입과 로그인을 하는 등 여러
번의 수고를 감수해야 한다. 별도의 회원가입과 로그인 없이도
원하는 콘텐츠를 시청할 수 있고, 한번 봤던 채널의 영상은 켜기
만 해도 첫 화면으로 떡하니 추천해주는 유튜브와는 노력의 차
이가 크다.

우리는 시청자들이 이러한 노력을 감수하고서라도 seezn에서
한 회차 먼저 「고막메이트」를 보게 만드는 것이 고막메이트 찐팬
을 만드는 첫 번째 단계가 될 것이라 확신했다.

남의 플랫폼으로 안내하는 유튜브 엔딩카드

「고막메이트」시즌 1 때는 「고막메이트」유튜브 채널 고정 댓글로 'seezn에서 한 회차 먼저 만나보세요' 정도의 안내와 시청 링크를 제공했다. 이런 형태는 「고막메이트」뿐만 아니라 공동제작을 하는 다수의 콘텐츠가 취하고 있는 방법인데 특히 시리즈형 웹드라마에 효과적이었다. 스토리가 이어지는 드라마의 특성상 다음 편을 빨리 보고 싶은 많은 시청자들이 seezn 앱을 설치한 것이다.

하지만 매 회차 새로운 내용으로 구성되는 예능 콘텐츠는 상황이 달랐다. 1회부터 순서대로 보지 않아도 되기 때문에 '다음 회차 미리보기'라는 유인에 반응하는 시청자가 생각보다 적었고, 회차가 거듭될수록 유튜브에 더 많은 콘텐츠가 쌓이기에 seezn 앱에서 먼저 볼 동력이 떨어질 수밖에 없었다. 한 주만 기다리면 「고막메이트」유튜브 채널에 본편 콘텐츠가 올라오고, 유튜브 플랫폼 안에서 연관 동영상으로 계속해서 이어 볼 수 있으니까. 이에 옥 피디는 깜짝 놀랄 만한 아이디어를 냈다.

"채 과장, 고막메이트 유튜브 본편 마지막에 'seezn에서 한 회차 먼저 시청하세요'라는 출연진 멘트를 추가로 촬영해서 넣어볼게요."

엔딩카드는 콘텐츠가 끝난 뒤, 마지막 장면에 들어가는 '이미지'를 말한다. 하지만 옥 피디는 '영상'으로 고메즈 4MC들이 돌아가며 등장해 'seezn에서 한 회차 먼저 볼 수 있으니 지금 바로 시청하세요'라는 내용을 매 회차 마지막에 삽입하자고 제안한 것이다.

막상 글로 쓰니 아무것도 아닌 것 같지만 이는 꽤나 획기적이고도 대담한 시도였다.

보통 공동제작사들은 계약서 내용을 지키기 위해서라도 매우 형식적으로 행동한다. 상대방 플랫폼으로의 시청 유입을 적극적으로 권장하면 우리 몫의 시청자를 빼앗기고, 이는 곧바로 조회수 저하로 이어진다고 믿기 때문이다. 하지만 우리의 생각은 달랐다.

폭넓은 도달과 발견이 가능한 유튜브를 통해 'seezn에서 일주일 먼저 공개된다'는 것을 알리고, seezn 앱에 들어가 최신 회차를 누구보다 먼저 보는 찐 막둥이임을 자부하게 만들어주고 싶었다. 그래서 어디서도 본 적 없는 「고막메이트」만의 엔딩카드가 탄생했다.

이 엔딩카드 제작 이후 옥 피디는 사내에서 곱지 않은 시선을 많이 받았다. 많은 유튜브 채널들이 그렇듯 엔딩카드의 활용도는 굉장히 크다. 보통은 같은 채널의 다른 콘텐츠를 시청하게 하여 채널 내 체류시간을 늘리고 충성도를 높이는 목적으로 활용한다. 그런데 이런 관성적인 방법을 깨고 아예 타 플랫폼으로의 이동을 권장하는 것은 「고막메이트」가 최초의 시도였다.

익숙하게 생각했던 것과는 다른 일을 하려면 그 본질의 선한 의도와는 상관없이 수많은 공격을 받게 된다. 하지만 옥 피디는 '고막메이트의 위로와 공감의 가치를 더 많은 사람에게 전한다'는 모두의 목표를 위하여 꿋꿋하게 이를 버텨냈다.

더불어 제작진들은 녹화 당일 출연자들을 일일이 찾아가 'seezn에서 한 회차 먼저 공개된다'는 안내를 개인 SNS에도 업로드할 수 있도록 독려했다. 4MC뿐만 아니라 매주 새롭게 찾아오는 게스트들도 개인 SNS에 관련 내용을 올릴 수 있도록 섬세하게 준비하고 안내했다.

이렇게 모든 출연진과 제작진이 합심하여 노력한 덕분에 찐 막둥이라면 '최신 회차 시청은 seezn에서, 토론과 댓글 놀이는 유튜브에서'라는 시청 습관이 만들어졌다.

이 엔딩카드가 적용된 「고막메이트」 시즌 2 이후, seezn 앱에서 「고막메이트」 평균 시청량은 두 배 넘게 상승하였고, 프로그램의 인지도도 급상승하기 시작했다.

콘텐츠의 성공이 곧 우리의 성공

일반적인 공동제작 관계라면 우리 시청자를 남의 플랫폼으로 안내하는 엔딩카드 제작은 납득하기 어려운 시도이다. 서로 비용을 절반씩 투자해 콘텐츠를 제작했으니 각자의 플랫폼을 활용해 알아서 잘 홍보하고 마케팅해서 각자의 시청자 파이를 확보하고 유지시키면 그만이다. 하지만 우리는 '콘텐츠의 성공이 곧 우리의 성공'이라는 확고한 믿음을 공유하고 있었기에 이렇듯 대담한 시도들을 할 수 있었다.

내 채널이냐 네 플랫폼이냐, 내 구독자냐 네 시청자냐를 따지기보다 「고막메이트」의 세계관을 공유하는 커뮤니티의 힘이 커지고 팬덤이 강력해지는 것이 더 중요하기 때문이다. 나아가 더 많은 찐 막둥이들이 콘텐츠를 자발적으로 알리는 마케터가 되면 「고막메이트」의 영향력은 더욱 커지고 두 채널 모두 성장할 것이라 확신했다.

이렇게 강력해진 찐 막둥이 팬덤은 시즌 2 종료 후 휴식기 동안 각종 온라인 커뮤니티에 「고막메이트」 내용을 올리며 자발적으로 2차 콘텐츠를 생산해주었다. 그 덕분에 시즌 3을 준비하는 휴식기임에도 불구하고, 지난 회차들의 시청률이 점차 늘어났다. 그리고 2021년 3월, 「고막메이트」 시즌 3 첫 방송이 한 회차 먼저

seezn에서 공개되던 날, 우리의 찐 막둥이들은 시즌 2 평균 시청량의 5배가 넘는 시청률로 강력한 애정을 보여주었다.

신뢰와 애정을 바탕으로 한 '관계성 지수'

요즘은 시청량과 더불어 화제성 지수도 함께 평가한다. 화제성 지수란, 얼마나 많은 사람들 입에 오르내리느냐를 평가하는 지표이다. 그런데 얼마 지나지 않아 '관계성 지수'도 콘텐츠를 평가하는 주요 지표로 떠오를 것이라 확신한다.

관계성 지수란, 콘텐츠가 가진 팬덤의 힘뿐만 아니라 제작에 참여하는 출연자와 제작진까지 평가하는 지표이다. 이 관계성의 힘은 수많은 가능성을 내포한다. 「고막메이트」를 기반으로 스핀 오프 콘텐츠가 파생될 수도 있고, 다른 플랫폼에서 다양한 세계관으로 확장될 수도 있다.

「고막메이트」를 제작해오며, 진심을 바탕으로 한 지속적이고 반복적인 커뮤니케이션을 통해 끈끈한 유대감이 형성되었고, 이것이 곧 강력한 팬덤으로 연결되어 3년 넘게 롱런하는 콘텐츠의 기반이 되었다. 또한 결속력 있는 커뮤니티를 통해 막둥이들과 함께 더 나은 콘텐츠를 만들어내는 성과를 맛보았다.

단단한 유대감으로 연결된 막둥이들은 「고막메이트」의 세계관을 지키고자 하는 고메즈 4MC와 제작진의 노력을 지지해주었다. 또한 seezn에서 한 회차 먼저 「고막메이트」를 시청하고 유튜브 채널로 찾아와 다른 막둥이들과 소통하며 각종 커뮤니티에 자발적으로 콘텐츠를 홍보하는 등 「고막메이트」에 변함없는 지지와 응원을 보냈다. 그로 인해 막둥이와 「고막메이트」의 관계성은 더욱 두터워질 수 있었고, 이는 「고막메이트」를 지탱하는 가장 단단한 힘이 되었다.

CHAPTER 4

판단하지도 비난하지도 않는다
공감의 힘

꼰대와 스승은 종이 한 장 차이

「고막메이트」는 일상생활과 회사생활에서의 어려움은 물론이고 술, 욕, 성 등 내 삶과 연결된 다양한 주제를 다루는 프로그램이다. 그렇기에 전체를 관통하는 '이야기 스타일'의 구축이 필요했다.

성인들의 19금 대화를 다루면서도 자극적이지 않고, 인생에 도움이 되는 이야기를 하면서도 꼰대의 훈계질 같지 않은 「고막메이트」만의 스타일은 어떻게 완성되었을까.

각자의 다름을 인정하는 것

꼰대와 스승은 종이 한 장 차이라고 한다. 상대방의 발전을 위해 본인의 경험과 지식을 전달한다는 데 공통점이 있지만 그 태도는 확연히 다르다.

꼰대는 '나는 우월하고 너는 모자라니 나만 따라 해. 내가 바로 정답이야'라는 태도를 고수하고, 스승은 '너의 발전을 내가 도와줄게'라는 마음으로 상대방의 입장에서 문제를 바라본다. 그래서 꼰대는 판단하고 비난하기를 서슴지 않고, 스승은 상대방이 스스로 문제의 해결 방향을 찾을 수 있도록 공감하고 지지해주는 커뮤니케이션을 한다.

우리는 그 어느 때보다 다양한 가치관과 라이프스타일이 공존하는 시대를 살고 있다. 그렇기에 나의 조언이 상대방에게 진정한 도움이 되려면 각자의 다름을 존중하는 태도가 전제되어야 한다. 그리고 하나의 정답이 아닌 각자의 해결법이 존재한다는 사실도 인정해야 한다. 그래서 「고막메이트」 역시 '각자의 다름을 인정'하는 것에서부터 출발하기로 했다.

그저 이야기를 들어주는 것만으로도

「고막메이트」가 막둥이들의 마음과 행동에 긍정적인 변화를 이끌어내는 콘텐츠가 되려면 판단하거나 비난하지 않는 태도가 선행되어야 했다. 상대방을 배려하지 않는 어쭙잖은 조언은 자칫 오지랖으로 전락할 수 있기 때문이다. 또한 막둥이들이 '고메즈가 해준 말이니까 다 맞을 거야'라고 생각하며 맹목적인 믿음을 보내는 것도 경계했다. 왜냐하면 우리는 막둥이가 결국 스스로 자신의 문제를 해결할 수 있는 힘을 갖고 있다고 믿었기 때문이다.

그 방법은 어려운 데 있지 않았다. 그저 잘 들어주는 것. 고민을 털어놓은 막둥이의 마음을 어루만져주며 '너 혼자 끙끙 앓지 않아도 된다'고 등을 토닥여주는 것. 나도 비슷한 경험이 있었고, 그래서 네가 얼마나 힘들지 충분히 공감한다고 말해주는 것. 그것만으로도 사람들은 자신의 문제에 한 발 다가갈 용기를 얻는다.

나와는 다른 화려한 삶을 살아가는 연예인이 아니라, 인생을 살면서 비슷한 일들을 겪었던 형, 누나, 오빠, 언니가 있는 「고막메이트」로 다가가고 싶었다.

판단하지도 비난하지도 않는다

이렇게 하여, '판단하지도 비난하지도 않는 콘텐츠'라는 「고막
메이트」만의 스타일이 완성되었다.

내가 힘들 때 이야기를 들어주고, 믿고 응원해주며, 자신의 경
험을 공유하고 공감하는 것. 그리하여 결국 스스로 문제에 대한
해결책을 찾는 과정에서 상처가 아물고 마음의 근육을 단련할
수 있도록 돕는 것에 「고막메이트」의 지향점이 있다.

고메즈 4MC가 자신들의 이야기를 편안하게 꺼내놓을 수 있는
이유도 여기에 있다. 김이나 작사가가 예상치 못한 '19금 드립'을
날려도, 딘딘이 또 '예전 여자친구 얘기'를 꺼내고, 맏형 이원석이
또 '옛날이야기'를 시작해도, 정세운이 '상상 속 연애 이야기'를 펼
쳐놓아도, 4MC와 제작진을 비롯해 시청자인 막둥이들도 판단
하지도 비난하지도 않고 그저 즐겁게 웃으며 공감한다. 끈끈한
유대감으로 연결되어 어떤 이야기도 반겨 나눌 수 있는 '우리'가
된 것이다.

상대방이 원하는 공감의 방식

"피디님, 이번에 편집하면서… 이런 게 고민이었어요. 그래서 너무 힘들었어요….."

"그래? 그럼 이렇게 하면 어떨까? 여기에 요청해서, 그 부분은 신경 안 쓰게 해줄게. 그러면 해결할 수 있을 것 같은데?"

상대방이 나에게 고민을 말할 때 저마다 대응하는 방식이 다를 것이다. 그런데 나는 그 고민을 듣자마자 바로 해결책을 날려야 하는 사람이다. 단순히 들어주는 데서 그치는 것이 아니라, 고민을 가장 빠르게 해결할 수 있는 방법을 제시하기 위해 내가 가진 모든 자원을 총동원한다. 나에게 중요한 사람이고, 내가 아끼는 사람이라면 그 스피디함은 더욱 가속화된다. 그게 상대방에 대한 애정의 척도이자 나만의 공감 방식이었다.

듣는 와중에도 돌아가는 나만의 해결책 뇌트워크

누군가 내게 고민을 이야기한다? 그러면 나의 뇌구조는 듣는 와중에도 끊임없이 돌아가며 나에게 전기 신호를 쏜다.

'문제 발생! 문제 발생! 지금 당신 앞에서 말하는 자는 '이런 게' 고민이라고 한다. 옥 피디, '이런 게' 뭔지 빨리 알아내서 제거하도록!'

'이 사람이 고민을 해결하려면 어떻게 하면 좋을까?' 나는 현 상황에 집중하고 최대한 주의를 기울여 의사를 결정한다. 바로 대안을 제시하여 해결 방법을 찾아주거나 그것도 안 되면 그 상황에서 빨리 빠져나오도록 조언을 해준다.

눈앞의 문제를 빠르게 해결할 수 있도록 도움을 주는 것. 그래서 공동의 목표 실현을 위해 함께 나아가는 것. 스물다섯 살부터 가장 빠르고 효율적으로 문제를 해결해야 하는 제작 현장에서 대부분의 시간을 보낸 내겐 그것이 최선의 공감이고 해결책이었다.

따뜻한 눈빛과 친절한 말 한마디만으로도

그러던 어느 날, 어쩌면 내게 고민을 털어놓은 사람은 내가 그 문제를 해결해주기보다 그저 자기 얘기를 들어주기를 바랄 수도 있다는 것을 남편과의 다툼을 통해 깨달았다.

우리는 결혼 14년 차에 접어든 피디 부부다. 같은 일을 하다 보니 서로의 일에 대해 잘 알고 있어서 응원하고 지지해주는 면이 크다. 하지만 때로는 너무나 잘 알고 있다는 점 때문에 싸움이 생기기도 했다.

언젠가 회사에서 유난히 힘들었던 날, 지친 몸과 마음을 이끌고 집으로 돌아와 남편에게 말했다.

"오늘 회사에서 너무 힘들었어. 우리 프로그램 PPL 담당자가 너무 무례한 거야! 가편 수정사항에 다 동의해놓고 막무가내로 쳐들어와서 다시 편집해달라고 하면 어떻게 해? 방송이 당장 낼모렌데! 너무 화가 나서 그냥 다 때려치우고 싶더라고!"

내 하소연에 남편은 업무 마인드를 장착한 채 대답했다.

"메인 피디인 네가 그러면 안 되지. 어쨌든 프로그램이 좋아서 들어온 브랜드인데 잘 달래고 협상해서 얻을 건 얻어내고, 안 되는 건 명확한 가이드라인을 제시해야지!"

그 말에 나는 먹던 사탕을 빼앗긴 아이처럼 '왕~' 하고 울음을 터뜨릴 뻔했다.

"이럴 땐 그냥 좀 들어주면 안 돼? 그냥 힘들었겠다, 해주면 안 되냐고! 나도 어떻게 해야 하는지는 다 알고 있다고!"

그날의 다툼 덕분에 때로는 그저 잘 들어주는 것만으로도 큰 위로가 된다는 것을 깨닫게 되었다.

이 글을 쓰는 지금도 다시 한번 생각한다. 따뜻한 눈빛 하나로, 친절한 말 한마디로 꽁꽁 얼어 있는 마음을 녹일 수 있다는 것. 그리고 상대방이 원할 때 그 해결책을 함께 고민해주는 것. 그 방법은 상대방이 원하는 공감의 방식일 것. 그것이 아끼고 사랑하는 사람들을 배려하는 방법이라는 걸 말이다.

깊은 유대를 기반으로 한 위로와 공감

「고막메이트」의 4MC 김이나, 딘딘, 이원석, 정세운은 나이, 성별, 살아온 배경 등이 모두 다르다. 그렇기에 막둥이들의 고민을 바라보는 시선과 조언이 그야말로 4인 4색이다. 방송 초기에는 네 명의 결이 너무 달라서 편집할 때 고민이 많았지만, 서로가 가진 공감의 방식이 다름을 완전하게 받아들이면서 편집에서 자유로워졌다.

사실 여타의 프로그램이라면, 한 가지 고민 사연에 대해 명확한 하나의 조언을 도출하여 콘텐츠의 집중도와 완성도를 높일 것이다. 심지어 한 회차가 10분가량으로 짧은 디지털 콘텐츠인 만큼 4MC들의 의견을 각각 2분씩 편집한다 해도 8분이고, 게스트 한 명까지 더해지면 10분이 꽉 차게 된다. 각자 다른 의견을 펼칠 시간이 없는 것이다. 이럴 때는 제작진의 의도에 맞춘 '답정너' 편집이 이루어질 위험이 크다.

　하지만 「고막메이트」는 다르다. 각자의 다름을 인정하고, 서로의 다른 의견도 최대한 존중하며, 매 순간 공감하고자 노력한다. 그래서 김이나의 대안 제시, 이원석의 위로, 딘딘의 독설, 정세운의 질문이 한 회차에 그대로 반영되어 자연스럽게 MC들의 캐릭터를 만들어나간다.

　또한 15년째 프로그램을 만들어오고 있는 피디로서, 제작진의 한정적인 경험으로 사연자의 고민을 재단하지 않으려 노력한다. 우리의 경험을 일반화하는 순간, 「고막메이트」는 시청자가 아닌 제작진의 프로그램으로 전락할 가능성이 크기 때문이다.

　각자의 다름을 존중하면서 상대방이 원하는 공감의 방식으로 함께해주는 것. 고민을 말하는 방식이 모두 다른 것처럼, 고민에 공감하는 방식도 모두 다르다는 걸 인정하고 존중하는 것. 이것이 바로 「고막메이트」의 가장 강력한 힘이자 가치이다. 함부로 판단하거나 비난하지 않으며 나도, 「고막메이트」도 이를 통해 함께 성장하고 있다.

3시 20분

"이 피디, 시계는 왜 맞추고 있어? 빨리 촬영 시작해야 하는데."

"아… 잠시만요. 시침과 분침을 다시 맞추면 좋을 거 같아서요."

B1A4의 메인 보컬 산들이 출연한 「고막메이트」의 촬영 현장. 갑자기 이 피디가 소품인 탁상시계의 시간을 다시 맞추기 시작했다.

"아니, 그러니까, 대체 왜?"

"산들의 생일이 3월 20일이에요. 이게 일명 '산들시'로 팬들에

게 유명해서…. 나중에 고막메이트 보고 팬들이 찾아내면 좋을
거 같아서요."

정말이지, 나는 생각지도 못한 디테일이었다.

대담한 통솔자의 마음

사실 나는 그리 섬세한 사람이 아니다. MBTI 성격유형 평가에
서도 인구의 2퍼센트에 불과하다는 ENTJ-A가 나왔다. 흔히 '대
담한 통솔자'라 불리는데, 실제로 카리스마 있다는 이야기를 종
종 듣는다. 필요한 것을 적절하고 빠르게 관철시키며 우리가 함
께 결정한 방향대로 완성도를 높이기 위해 모두를 독려하며 이
끈다.

지난 15년간 이런 내 성향이 피디를 하기에 적합하다고 생각
했다. 수십 수백 명의 스태프들을 진두지휘하며 성취해나가는
모습이 때때로 자랑스러웠다.

그동안 제작팀을 이끌며 아래의 다섯 가지 핵심가치를 지키고
자 노력해왔다.

1. 회의란 결정을 내리는 공간이다.

2. 팀원을 프로로서 대한다. 팀원이 실수를 저질렀을 때 감정을 배제하고 일에 대해서만 이야기한다.

3. 늘 대안을 제시한다. 대안 없는 비판은 비난이다.

4. 태도가 곧 본질이다.

5. 일단 시작하고, 유연하게 수정한다.

특히 '회의란 결정을 내리는 공간이다'라는 가치를 좋아한다. 프로그램 제작 회의는 정답이 있는 회의가 아니기 때문이다. 각자의 취향(누구를 섭외할 것인가), 아이템 선정(어떤 분야가 새롭고 또 좋은가), 편집시사(의미와 재미 포인트)의 눈높이가 모두 다르기 때문에 다양한 의견을 듣다 보면 시간이 무한정 늘어나는 경우가 많다.

그래서 나는 동료들에게 회의 안건을 미리 공유하고 각자 의견을 충분히 준비해오게 한다. 그리고 회의 시간에는 그에 대한 의사결정만 한다. 이러한 방식은 굉장히 빠르고 효율적이라 평소 우리 팀의 회의 시간은 30분을 넘지 않았다.

방송은 항상 정해진 데드라인을 지켜야 하고, 제작진은 한정된 자원과 시간으로 최고의 퀄리티를 내야 한다. 게다가 나는 가장 '효율적'으로, '빠르게' 결정하여, '결과'로 책임져야 하는 메인 피디이다. '비효율을 쳐내고 빠르게 성공길만 걷자. 그에 대한 책임은 내가 진다'가 나의 신조였다.

하지만 이런 내 성향을 돌아보게 해준 귀한 사람이 있었으니, 바로 3시 20분의 이 피디이다.

'결정'과 '감정' 사이

매주 화요일 오후 2시, 「고막메이트」 팀 전체 회의 시간에 가장 중요한 안건 중 하나는 그 주 방송분에 대한 제목과 섬네일을 결정하는 것이다.

하루에 60년치 동영상이 업로드된다는 유튜브 플랫폼에서는 클릭을 유도하는 섬네일이 모든 것을 결정한다. 더불어 유튜브 알고리즘에 잘 걸리는 문구와 해시태그를 작성하는 것 또한 매우 중요하다. 아무리 잘 만든 콘텐츠라도 눈에 띄지 않으면 아무 소용이 없기 때문이다. 이를 위해 「고막메이트」는 유튜브, 페이스북, 인스타그램 등 채널별로 다른 페르소나를 설정하여 문구를 작성한다.

우리는 언제나 제목과 섬네일, 본문 문구 1~5안을 미리 준비해서 회의에 참여했고, 30분 안에 빠르게 결정했다. 나는 내가 만든 이 시스템을 사랑했다.

선우정아 씨가 출연한 회차의 팀 전체 회의 시간이었다. '완벽주의자로 행복하게 사는 법'이라는 회차 제목과 섬네일을 확정하고 평소처럼 깔끔하고 효율적으로 회의를 마무리했다. 그 순간, 이 피디가 조그만 목소리로 나를 붙잡았다.

"그런데… 이건 저 같은 사람은 안 눌러볼 것 같은데요…."

나는 빠르게 되물었다.

"그러면 이 피디가 생각하는 대안은?"

"잠시만요… 좀 더 생각해볼게요…."

"지금? 여기서 생각한다고? 회의 전에 준비해왔어야지!"

나는 한마디 쏘아붙이고 1시간 뒤로 회의를 재소집했다.

서둘러 미팅을 마치고 회의실로 돌아왔을 때, 이 피디가 조심스럽게 말을 시작했다.

"저는 완벽주의가 아닌 사람들이 '완벽주의자로 행복하게 사는 법'이라는 섬네일을 보면 눌러볼 거 같지 않아요. 게다가 사연을 보낸 막둥이는 지금 뭐든 잘해내야 한다는 완벽주의로 힘들어하고 있는데 혹시나 섬네일만 보고 우리 마음을 오해할까봐 걱정되기도 하고요. 이번 회차의 내용이 지나친 완벽주의는 오히려 실수하고 싶지 않아서, 다른 사람에게 공격받고 싶지 않아서 스스로를 보호하는 일종의 방어기제라는 거잖아요. 차라리 '완벽주의가 실수에 대한 집착이라고?'라고 한다면 완벽주의인 사람과 아닌 사람들 양쪽 모두의 눈

146

길을 끌면서 우리 프로그램이 말하고자 하는 내용도 더 정확하게 드러날 것 같
아요."

타인의 어려움에 대한 배려가 바탕이 된 대안이었다. 빠르고
효율적인 결정만 생각해서 다시 한번 듣지 않았다면, 완벽주의
에 대한 다른 관점과 위로를 전하기 위해 애써 만든 콘텐츠 한 편
이 사람들에게 발견되지 못할 뻔했다. 다행이었다.

다름을 인정하는 힘

이 경험은 나에게 두 가지 깨달음을 주었다. 좋은 의사결정을
위해서는 효율만큼 함께하는 사람에 대한 이해와 공감도 중요하
다는 것. 그리고 서로에 대한 존중을 바탕으로 각자의 장점을 배
우려고 할 때 진정한 신뢰가 구축된다는 것을.

사실 타인에 대한 배려가 바탕이 된 디테일함에 있어서는 이
피디에게 배울 점이 많다. 위에서 언급한 3시 20분 '산들시' 외에
도「고막메이트」의 핵심인 시청자의 사연을 함부로 재단하여 편
집하지 않는 자세, 애정을 듬뿍 담은 자막으로 출연자들을 다정
한 캐릭터로 만들어주는 역량 등은 내 능력을 모조리 발휘해도

해낼 수 없는 부분들이다.

'완벽주의가 실수에 대한 집착이라고?'라는 섬네일처럼, 이 피디는 다른 사람의 마음을 읽는 데 뛰어난 만큼 누구도 상처받지 않는 쪽의 답을 만들어낼 줄 안다. 우리 두 사람이 마라톤을 한다면 아마 나는 1등이 목표일 것이고, 이 피디는 모두가 함께 완주하는 것이 목표일 것이다. 하지만 그래서 나는 이 피디와 찰떡궁합이라고 생각한다.

수많은 사람들의 노력과 애정, 서로에 대한 존중과 이해가 바탕이 되어야 프로그램 하나가 만들어진다. 그런 점에서 우리는 서로의 강점과 약점을 알고 그것을 존중한다. 우리는 정반대의 성향이지만, 콘텐츠를 통해 '위로와 공감을 전하는 의미 있는 일'을 지속하고 싶다는 마음을 함께 갖고 있다. 그것은 바로 「고막메이트」의 가치와 결을 같이한다.

각자의 방향으로 뛰어도, 우린 결국 같은 방향을 바라보고 있다

프로그램을 런칭하고 나면, 여러 사람이 함께 키워나가는 살아 있는 유기체가 된다. 그때부터는 혼자서는 존재할 수 없고, 내 뜻대로만 자라나지도 않는다.

특히 「고막메이트」는 MC가 네 명이나 되고, 매 회차 새로운 게스트들, 그와 함께하는 스태프들, 제작진들, 공동제작 관계사가 복잡하게 얽혀 있는, 디지털 콘텐츠 업계에서도 보기 드문 큰 프로그램이다.

2019년 10월 첫 방송 후 긴 시간을 제작해왔지만 앞으로 할 일도 많고 가야 할 길도 멀다. 그렇기 때문에 서로에 대한 신뢰를 바탕으로 각자의 장점을 존중하는 환경이 자연스럽게 구축되어 있어야 한다.

김이나, 딘딘, 이원석, 정세운 4MC가 자신다운 멘트를 할 수 있는 편안한 환경. 좋은 결정을 위해 팀원들이 자신의 의견을 말할 때 받아들여질 수 있는 개방적인 환경. 공동제작 파트너가 새로운 제안을 말할 때도 오해하지 않을 수 있는 유대감 있는 환경. 이렇게 각자의 관점과 장점이 존중받을 수 있는 곳이 「고막메이트」라고 생각한다. 우리는 각자의 다름을 존중하지만, 결국 같은 방향을 바라보고 있기 때문이다.

나만의 번아웃 극복법

입사 3년 차에 첫 고비가 왔어요. 이게 말로만 듣던 번아웃 증후군일까요? 극복법이나 해결책은 없나요?

– [고막메이트 Ep.15_ 번아웃 극복법 – 저 좀 쉬고 싶어요]

[고막메이트 Ep.02_ 내 자존감 무너뜨리는 사람들 대처법], [고막메이트 Ep.15_ 번아웃 극복법 – 저 좀 쉬고 싶어요] 두 개 회차는 꼰대 상사 그리고 일에 대한 무력감 때문에 회사생활에 고비가 온 사연자의 고민을 다룬 에피소드였다.

실제 회사생활 경험이 있는 김이나와 이원석, 사연자와 같이 데뷔 이후 사회생활 3년 차라는 정세운, 번아웃 경험이 있다는 딘딘. 네 명의 MC들은 본인들이 직접 겪고 극복했던 이야기를 이어나갔고, 이 에피소드들은 시청자들의 큰 공감을 얻었다.

ㄴ 다들 공감 능력 뛰어난 사람들이 모여 이야기하니 나까지 위로받는 느낌!

ㄴ 고막메이트 보면서 나도 모르게 "맞아 맞아" 하면서 고개를 끄덕이고 있어요. 금요일 퇴근하면서 친구들의 수다 엿듣는 기분이랄까.

ㄴ 마지막에 이원석 님이 그날 일은 툭 털어버리고 또 다른 내일의 나를 위해서 집중하면 좋겠다고 말해준 덕분에 오늘 하루 종일 신경 썼던 일을 털어낼 수 있을 것 같은 기분이 들어요!

'회사생활에 대한 고민거리'는 「고막메이트」에서 다루었으면 하는 또 다른 주제였다. 회사는 인생에서 가장 재미있고 의미 있는 경험을 선사해주기도 하지만, 가장 큰 스트레스 유발점이기도 하다. 특히나 사회 초·중년생인 「고막메이트」의 주시청자들에게는 인생에서 가장 큰 고민거리 중 하나이다. 그 시절 나도 그랬듯이.

"그건 아닌 것 같아"

2017년의 3월은 유별나게 추웠다. 이런저런 사유로 팀원들이 떠나고 나는 잠시 혼자서 '패밀리박스' 서비스를 책임져야 했다. 게다가 이미 몇 개월 전부터 구상하던 신규 서비스를 기획하고 개발해야 하는 과제도 있었다.

청소년들이 친구끼리 데이터를 공유하는 서비스를 만들고 싶었지만 가족 대상 서비스에 비해 고려해야 할 경우의 수가 너무 많았고, 출시까지 남은 시간은 얼마 없었다. 지하철 막차를 타고 퇴근하는 날이 잦아졌다.

하지만 신규 서비스 기획안은 번번이 퇴짜를 맞았다. 보고할 때마다 마주하는 "채 과장, 우리에게도 새로운 주제라서 방향 제시를 못 해줘서 미안한데… 그건 아닌 것 같아"라는 대안 없는 피드백에 점점 지쳐갔다. 기댈 수 있는 사람, 함께 생각을 나눌 사람이 없다는 현실에 우울증이 생길 것만 같았다.

그러자 건강에도 이상이 찾아왔다. 몇 달 만에 체중이 크게 줄었고 위장병에 시달렸다. 진지하게 휴직이나 퇴사를 고민하고 있을 즈음, 꽃샘추위가 기승을 부리던 햇살 좋은 날, 모르는 번호로 한 통의 전화가 걸려왔다.

"채 과장님이시죠? 저는 '텐잼'이라는 서비스를 운영하는 김 과장입니다. 좋은 제휴 건이 있어서 전화 드렸습니다. 잠시 통화 괜찮으세요?"

타 부서에서 10대 커뮤니티앱을 운영하던 베테랑 김 과장의 전화였다. 직접 만난 그는 서글서글한 인상에 웃음을 잃지 않는 쾌활한 캐릭터였다.

"패밀리박스 10대들한테는 완전 필수 서비스죠. 이걸 직접 기획하고 만드신 거예요? 대박이네! 누가 기획했을까 진짜 궁금했거든요! 저희랑 같이 재밌는 거 많이 해볼 수 있을 것 같은데 어떠세요?"

그렇게 지지부진하던 프로젝트는 급물살을 탔다. 양쪽 임원을 설득해 다섯 명으로 TF를 만들었고, 온종일 회의실 화이트보드를 도화지 삼아 신규 서비스를 구상했다. 그리고 약 6개월 뒤, 인터렉티브한 사용성을 탑재한 친구 간 데이터 공유 앱 'Y데이터박스'가 세상의 빛을 보게 되었다.

"그럴 수 있지. 그럼 이건 어떨까?"

김 과장은 좋은 멘토였다. 별것 아닌 의견이나 본인의 생각과 다른 의견도 그 의도를 파악하려 노력했고, 일정에 쫓길 때에도,

서로 의견이 다를 때에도 웃음을 잃지 않았다. 그래서 격렬한 토론이 오가는 회의에서도 누구 하나 상처를 받지 않았다.

"그건 아닌 것 같아. 다시 해와"와 "그럴 수 있지. 그럼 이건 어떨까?"의 차이는 극명했다. 전자는 상대방을 패배자로 만들고, 후자는 아이디어에 날개를 달아주며 앞으로 나아갈 힘을 주었다.

김 과장과 일하는 몇 달 동안 내 마음의 병이 치유되는 기분이었다. 어려웠지만 내가 제대로 일해왔다는 확신이 생겼고, 오랜만에 마음이 맞는 동료와 함께 일한다는 생각에 힘이 났다. 인정과 칭찬, 공감이 가장 좋은 보약이라는 것을 김 과장을 통해 깨달았다.

「고막메이트」도 이런 힘을 갖기를 바랐다. 고민 있고 지친 사람들을 위로하고 공감해주어 앞으로 나아갈 연료를 제공해주는 콘텐츠. 실제로 시청자들은 내가 공감할 수 있고 나에게 공감해주는 콘텐츠에 더 많은 시간을 할애한다. 콘텐츠는 결국 이야기이고, 사람들은 공감 가는 이야기에 더 끌리기 마련이다. 이것이 바로 판단하지도 비난하지도 않는 공감의 콘텐츠 「고막메이트」가 가치 있는 이유이다.

오늘 엉망이었나요? 유난히 힘들었나요?

뭐 하나 되는 일 없이 하루를 잃어가나요?

수없이 많은 날 중에 그저 그런 날이 있죠

시끄러운 이 하루만 지나면 괜찮을 테니

오늘 밤은 평화롭게

오늘 밤은 울지 않게

아무 근심 없이

아무 걱정 없이

살며시 웃으며 잠들길

편히 쉬어요 Good Night

– 데이브레이크, 「오늘 밤은 평화롭게」 중에서

[고막메이트 Ep.02_ 내 자존감 무너뜨리는 사람들 대처법]의 녹화가 끝나고, 필수 스태프만 남아 진행된 데이브레이크 이원석의 「오늘 밤은 평화롭게」 라이브 녹화 현장.

노래가 울려 퍼지는 스튜디오 한 곳에서 몰래 눈물을 훔치는 몇몇 제작진이 눈에 들어왔다. 무기력증과 번아웃이라는 누구나 한 번쯤 겪을 법한 사연과 현실적인 조언들, 마음을 위로해주는 음악 삼박자가 어우러지자 나조차도 마음이 울컥했다.

「오늘 밤은 평화롭게」는 아직도 내 플레이리스트 맨 첫 자리를 차지하고 있다. 나와 같이 위로받았을 수많은 막둥이들처럼 말이다.

내 안의 감정 서랍을 열어주는 일

'엄마에게 사랑한다고 말하고 싶은데, 이젠 못 해요.'

「고막메이트」 26번째 주제는 죽음이었다.

「고막메이트」를 시작한 지 정확히 6개월. 콘텐츠로 위로와 공감의 가치를 전하고자 한 기획의도와 잘 어울리는 주제였지만, 처음에는 팀원들과 MC들에게 환영받지 못했다.

죽음이라는 무거운 주제를 다루면 당연히 조회수가 잘 나오지 않을 것이고, 짧은 시간 즐기기에 최적화된 유튜브 플랫폼과는 어울리지 않는다는 합리적인 이유였다.

부모의 죽음으로부터 비롯된 삶에 대한 성찰을 다루는 웹예능이라니. 듣도 보도 못한 아이템 선정임은 확실했다. 지난 6개월간의 점수로 앞으로의 「고막메이트」를 가늠해보는 중요한 시기에 얼른 납득이 되지 않는 아이템인 것도 맞았다.

게다가 딘딘의 표현을 빌리자면 "출연자 즙(눈물) 짜려고 기획한 아이템"으로도 보일 수 있었다. 출연진들이 눈물을 흘릴 수밖에 없는 사연을 선정해서 우는 모습을 포착하고, 이를 예고편으로 편집하여 시청을 유도하는, '방송국 놈들'에게 많이 당해본 딘딘다운 우려였다.

이원석도, 정세운도 '뭐라고 이야기해야 좋을지 모르겠는 사연'이라 감히 대화 소재로 다루기 어렵다는 입장이었다. 김이나 작사가조차 녹화에 들어가기 직전까지 조심스러워했다. 모든 이들의 입장이 이해가 갔다. 하지만 나는 이 주제를 꼭 다루고 싶었다. 사실 이건 나의 이야기이기도 했기 때문이다.

살아 있는 모든 순간이 반짝이게 되는 시간이 반드시 올 거라고

고등학교 3학년, 입시 준비로 한창이던 6월의 어느 날, 아빠가 돌아가셨다. 향년 53세. 너무나 충격적이고 갑작스러운 죽음이었다.

아직도 그날의 장면이 오래된 영화처럼 머릿속에서 느리게 재생된다. 오전 수업 시작 후 선생님을 기다리며 교실에 앉아 있던 나. 늦게 들어온 선생님이 황망하게 부고를 전하던 목소리. 세계가 뒤틀린 채로 멍하니 가방을 챙기는 내 주위로 친구들이 다가와 대신 엉엉 울던 장면. 병원 장례식장에 도착했을 때 내 머리에 꽂힌 하얀 리본핀. 중요한 시기인 고3 여름임에도 3일 내내 자리를 지켜주었던 친구들의 얼굴. 화장터에서 유골함으로 뼛조각들이 옮겨질 때 느낀 생의 허무함. 아빠는 180센티미터가 넘는 큰 키였는데, 결국 몇 개의 뼛조각과 한줌의 재로 돌아갔다.

아빠가 돌아가시고 한참을 생각했다. '왜 이렇게 일찍? 왜 하필 고3인 지금? 왜 하필 나에게?' 수많은 물음표가 머릿속을 떠다녔고, 나는 그해 입시에 실패했다.

그렇기에 「고막메이트」 26번째 회차에 달린 댓글들은 다른 누구보다 나를 먼저 위로해주었다.

┗ 사연자분처럼 아빠와 갑작스런 이별을 했었는데, 그때의 적막함, 막막함, 진짜 세상에서 모든 기반을 잃어버린 기분, 너무나 와 닿아서 마음이 아프네요. 어머님도 아셨을 거예요. 그 말을 굳이 입 밖으로 내지 않더라도 얼마나 딸이 당신을 사랑하고, 사랑하는지. 우리 어머니, 아버지가 잊히지 않도

록, 그리고 마음의 병으로 커지지 않도록, 기록하고, 떠올리고, 나누며 기억해요.

┗ 살아 있는 모든 순간들이 반짝이게 되는 시간이 반드시 올 거라는 이나 님 말이 너무 따뜻해요ㅠㅠ 원석 님 라이브 중에 우리 안녕이 너무 자연스러워서 난 기뻤어 라는 가사에도 울컥ㅠㅠ 막둥이 님 우리가 같이 아파하게요. 당장 지금의 슬픔만이라도 조금 덜어졌으면 좋겠어요. 시간이 흐르고 요동치는 슬픔도 모두 가라앉는 날이 빨리 오기를….

┗ 어떻게 보면 무거운 주제인데 포근하고 따뜻하게 감싸주고 공감해줘서 제가 다 위로를 받고 가요. 다들 각자 같은 듯 다른 사연들을 이야기해주고 서로의 말에 공감하는 모습이 너무 좋아요. 이래서 고막메이트 고막메이트 하나봐요.

내 깊은 곳 감정 서랍을 꺼내어

사람은 누구나 저마다의 감정 서랍이 있다. 나에게도 여러 개의 감정 서랍이 있어서, 상황에 대한 기억은 흐릿해질지라도 그때 느낀 감정들은 내 마음속 서랍에 깊숙이 저장되어 있다. 예상치 못하게 찾아온 아빠의 죽음, 그 아픔을 외면하기 위해 겪었던 고통의 감정들을 서랍 속에 넣고 다시는 열어보고 싶지 않았다.

하지만 언제까지나 그 서랍을 여는 것을 두려워하고만 있을 수는 없었다. [고막메이트 Ep.26_ 엄마에게 사랑한다고 말하고 싶은데, 이젠 못 해요] 사연을 방송으로 담으면서, 나 또한 용기 내어 깊숙이 숨겨두었던 감정 서랍을 열어보았다. 서랍을 열고 내 감정과 마주했을 때 비로소 한 걸음 성숙해질 수 있었다.

시청자들도 가까운 이의 죽음을 아직 겪어보지 않았다 해도, 「고막메이트」를 함께 보면서 위로와 공감이라는 마음속 서랍을 열어 진심으로 누군가를 위로할 수 있게 되기를 바란다. 타인의 슬픔이 온전히 내 것이 될 수는 없지만, 같은 마음이 되어 위로해줄 수 있는 것. 그것이 바로 콘텐츠가 주는 힘이자 「고막메이트」가 추구하는 본질이다.

다른 어떤 것이 아닌 오직 나만의 결

요즘, 방송 관계자들과 광고주들에게서 이런 이야기를 종종 듣는다.

"피디님이 만드는 콘텐츠에는 피디님 이름이 쓰여 있어요."

기쁘고도 감사한 칭찬이다.

마치 몸에 새겨진 지문처럼 피디는 자신이 연출한 콘텐츠에 자신만의 색깔을 드러내기 마련이다. 예를 들어, 내가 사랑하는 콘텐츠인 「말하는 대로」, 「일로 만난 사이」, 「효리네 민박」, 「온앤오프」를 떠올려보면 그 프로그램을 제작한 정효민 피디의 색깔이 그대로 전해진다.

나 또한 내 삶의 궤적들이 내가 만든 콘텐츠에 고스란히 드러난다. SBS 시사교양본부에서 소수의 성별이며 이질적인 존재였던 나의 지난 시간이, 서로의 다름을 인정하고, 이해하며 다양한 목소리에 귀를 기울이는 사람으로 만들어주었다. 그래서 사연자와 출연자가 함께 깊이 위로하고 공감하는 콘텐츠, 바로 '너의 이야기 우리가 들려줄게'라는 「고막메이트」의 세계관을 형성할 수 있었다.

사실 몇 년 전까지만 해도, 10여 년간 시사교양본부 피디로 일했던 경험이 디지털 콘텐츠 제작에 걸림돌이 되지는 않을까 불안했다. 빠르고 자극적이어야 인기를 끄는 디지털 콘텐츠 문법과 나의 결이 잘 맞을지 걱정했다. 하지만 결론부터 말하면 그 걱정은 기우에 지나지 않았다.

그동안 내가 제작한 프로그램들을 돌이켜보면, 「순간포착 세상에 이런 일이」에서 다져진 사연을 선별하는 능력, 「TV 동물농장」에서 경험한 말 못하는 동물들에게 받았던 따뜻한 위로, 「한밤의 TV연예」에서 쌓은 출연자 섭외 네트워크, 「SBS 스페셜」을 하며 배운 묵직한 주제 선정 등이 바탕이 되어 나만의 색깔과 결을 지닌 디지털 콘텐츠를 제작해나가고 있다.

얼마 전, 대한민국 원탑 개그 유튜버 '엔조이 커플'의 임라라 씨를 「티파니와 아침을」의 주인공으로 모신 적이 있다. 그녀는 말했다.

"입시 실패, 재수, 개그 프로그램 폐지, 유튜브 채널 오픈 1년 동안 무수입 등 수많은 실패를 했어요. 세상은 이런 곳인 것 같아요. 실패의 연속. 그러면 사람들이 말해요. '안 그래도 힘든 세상 그렇게 꼭 열심히 살아야 되냐'고. 하지만 저는 이 말을 해주고 싶어요. 실패였던 게 결국 실패가 아니라서 중요한 거라고요. Everything Counts. 모든 것은 쌓이더라고요. 내가 했던 많은 경험들은 없어지는 게 아니라 다 쌓이고 있었던 거죠. 먼 길을 돌면서 마주쳐온 것들이 모두 쌓여서 지금 만드는 콘텐츠가 이렇게나 다양해진 것 같아요."

지금은 초다양성의 시대이다. 이제 사람들은 자신만의 고유한 색깔이 있는 콘텐츠에 꽂힌다. 나도 수없이 실패하고 깨지며 내가 가진 경험들이 어떻게 창조적으로 발전할지 확신이 없었다. 그러나 임라라 씨의 이야기를 들으면서 나도 모르게 내 안에 응축된 경험의 힘, 그로부터 탄생할 나만의 색깔, 나만의 이야기에 확신을 가져도 좋겠다는 생각이 들었다.

나만의 색깔을 결정하는 가장 강력한 요소는 내 안에 있다. 그리고 이 글을 읽는 여러분들의 안에도 있다. 그래서 Everything Counts, 모든 것은 쌓인다.

CHAPTER 5

공동제작의 딜레마

함께 만드는 힘

공동제작의 기싸움

닭이 먼저냐? 달걀이 먼저냐?

SBS와 seezn 공동으로 「고막메이트」를 제작하면서 가장 어려웠던 일 중 하나는 양쪽 회사의 입장을 골고루 대변하는 것이었다. 그중에서도 공동제작 콘텐츠에 양 사의 로고를 삽입하고 그 순서를 배치하는 일은 특히 예민한 이슈였다.

보통 영상의 왼쪽 상단에는 프로그램 로고를, 오른쪽 상단에는 SBS나 seezn과 같은 플랫폼 로고를 넣는 것이 정석이었다. 하지만 「고막메이트」는 kt seezn과 SBS가 공동으로 제작하여 만드는 콘텐츠로, 플랫폼도 seezn 앱과 유튜브로 각각 다르다.

이럴 경우 왼쪽 상단에 프로그램명인 '고막메이트'가 들어간다면, 오른쪽 상단에는 무엇이 들어가야 할까? kt와 SBS 로고? 아니면 seezn과 모비딕 스튜디오 로고? 모비딕 스튜디오 로고는 고래 꼬리 모양의 정사각형 그림이고 seezn은 긴 형태의 글자라서 높낮이뿐만 아니라 크기도 안 맞는데? 그럼 어떤 회사의 크기에 맞춰야 하지? 아니, 무엇보다 순서는 어디가 먼저란 말인가?

공동제작, 산 넘어 산

「고막메이트」는 seezn에서 한 회차 먼저 공개되고, 일주일 후 같은 시간에 「고막메이트」 유튜브 채널에 올라간다. seezn에서 방송되는 콘텐츠에는 seezn용, 유튜브에는 모비딕 스튜디오용 인트로와 아웃트로가 각각 붙어서 나가면서 이미 두 가지 최종본이 존재했다.

만약 공동제작의 기싸움으로 각자의 로고가 우선하는 또 다른 버전을 제작한다면? seezn 선공개 버전, 모비딕 스튜디오 버전, seezn 로고가 앞에 배치된 버전, 모비딕 스튜디오 로고가 앞에 배치된 버전, 총 네 가지 버전을 제작해야 한다. 그야말로 최악의 비효율, 대환장의 문이 열리는 것이다.

나는 프로그램을 이끄는 메인 피디로서 가장 합리적인 결정을 내려야 했다. 제작진의 한정된 에너지는 오롯이 좋은 프로그램을 만드는 데 써야 한다. 시청자들의 고민 사연을 고르고, '너의 이야기 우리가 들려줄게'라는 기획의도에 걸맞는 노래를 찾고, 그에 적합한 아티스트를 섭외하고, 4MC를 사전 인터뷰하여 대본을 작성하고, 녹화를 성공적으로 마치는 것이 가장 중요한 일이다. 시청자에게는 전혀 중요하지 않은 양 사 이름의 순서 배치 때문에 네 가지 버전의 최종본을 만든다면, 제작진의 시간과 자원을 낭비하는 것은 물론 주객이 전도되는 상황이 벌어질 것이다.

콘텐츠의 최우선 가치는 시청자다

공동제작 콘텐츠에서 로고의 순서 배치는 매우 중요한 이슈다. 초두효과에 의해 먼저 나오는 로고가 나중에 나오는 로고보다 더 잘 기억되기 때문이다. 그래서 이는 언제나 양 사 기싸움에서 가장 중요한 문제가 된다. 하지만 콘텐츠의 최우선 가치는 시청자다. 시청자가 최우선으로 알아야 할 것은 무엇인가? seezn?

모비딕 스튜디오? 아니, 바로 '고막메이트'이다.

제작자의 고집과 욕심이 우선된 어처구니없는 결정들이 콘텐츠를 산으로 가게 한다. 프로그램의 완성도를 위해 집중하지 않고, 의사 결정권자들을 위해 집중하다 보면 결국 아무도 기억하지 않는 콘텐츠만 남을 뿐이다.

"시청자들에게 seezn과 모비딕 스튜디오는 하나도 중요하지 않습니다. 이 프로그램이 '볼 만한' 콘텐츠인가, 나에게 '도움'이 되는 콘텐츠인가, 계속해서 시청할 만한 '가치'가 있는 콘텐츠인가… 그것이 핵심입니다. 따라서 우리가 가장 중요하게 인지시켜야 하는 것은 '고막메이트'라는 프로그램명입니다. 저는 영상의 왼쪽에 고막메이트 로고 사이즈를 가장 크게 배치한 후, 오른쪽에 seezn 로고를 앞에 모비딕 스튜디오 로고를 뒤에 배치하겠습니다. 그게 디자인상 시청자가 보기에 가장 자연스러우니까요."

이 문제를 어떻게 해결해야 할지 심사숙고하는 동안 내 머릿속에는 단 하나의 생각밖에 없었다. Why랑 What이 중요하지, 그것을 달성하기 위한 How는 상황에 따라 유연하게 변할 수 있어야 한다는 것. 나에게 Why는 명확했다. 바로 '시청자를 위한 결정을 내리자'는 것!

공동제작의 게임이론

"채 과장, 우리 이름 없이 「고막메이트」 보도자료가 나갔는데 어떻게 된 거야?"

「고막메이트」 시즌 2 방영을 2주 앞둔 시점, 아침 출근길에 날아온 팀장의 날카로운 문자였다. 얼마 전 다른 제작사와의 공동제작 프로그램 보도자료에 우리 쪽 내용이 누락된 일이 있던 터라 가뜩이나 예민해 있는 상황이었다.

확인해보니, 정말 포털 곳곳에 seezn의 이름이 빠져 있는 SBS 「고막메이트」 시즌 2 런칭 기사가 올라와 있었다. 게다가 옥 피디가 휴가를 떠나기 전 협의한 최종본이 아니었고, 합의한 배포일도 아직 며칠 남아 있었다. 자칫 파트너사와 커뮤니케이션을 제대로 하지 못해 우리 브랜드 이름이 누락된 황당한 일로 비쳐질수 있었다.

어쩔 수 없이 옥 피디에게 연락을 했다.

"휴가 중에 미안한데 오늘「고막메이트」런칭 기사가 떴어요. 사전에 협의된 사항도 아닌 데다가 공동제작에 대한 언급 없이기사가 나갔어요. 어떻게 된 건지 확인 좀 부탁해요."

"저도 전혀 모르는 내용이에요. 일단 미안합니다. 최대한 빨리알아볼게요."

공동제작 콘텐츠의 경우 제작, 마케팅, 홍보 등 여러 업무 처리과정에서 이런 일들이 빈번히 일어난다. 양 사가 생각하는 공동제작의 이유와 목적이 다를 뿐만 아니라 영상의 로고 삽입, 출연진의 예고 멘트, 편성 고지 등 양 사가 원하는 수준과 일하는 방식이 모두 다르기 때문이다.

특히 보도자료가 공동제작사들이 다투는 대표적인 예인데, 누가 먼저 낼 것인지 누구 이름을 먼저 쓸 것인지를 놓고도 충돌하는 경우가 많다.

더 많은 파이를 가져가기 위해서는 이기적이어야 할까?

콘텐츠 공동제작에서 일어나는 대부분의 갈등은 상대방보다 더 많은 파이를 가져가고자 할 때 발생한다. 예를 들어, 보도자료를 배포할 때 우리 이름만 넣어서 한 번이라도 더 나가면 오롯이 내 것처럼 보일 거라 믿는 것처럼 말이다. 그래서 눈앞의 성과에만 집착해 보도자료나 홍보자료에 자기 회사의 이름만 넣는다거나 상대방의 마케팅에 딴지를 거는 등 다양한 이슈들이 터진다. 그러나 궁극적으로는 콘텐츠가 성공해야 함께 나눌 파이도 커지는 것이다.

이는 '죄수의 딜레마'와 유사하다. '죄수의 딜레마'는 함께 협력할 때 서로에게 가장 큰 이익이 돌아오지만, 개인의 욕심 때문에 결국 서로에게 불리한 상황을 선택한다는 유명한 게임이론이다.

두 명의 죄수가 있다. 둘은 서로 다른 취조실에서 조사를 받고 있고, 서로의 자백 여부에 따라 형량이 달라진다.

- ☑ 둘 모두 자백하지 않으면 둘 모두 1년간 복역한다.
- ☑ 둘 모두 자백하면 둘 모두 10년간 복역한다.
- ☑ 둘 중 하나가 배신하여 죄를 자백하면 자백한 사람은 즉시 풀어주고, 나머지 한 명은 20년간 복역한다.

두 죄수 모두 침묵을 택했을 때 합계 2년만 복역하면 된다. 그러나 누군가 자백을 하는 순간, 둘의 형량 합계는 20년이 된다. 하지만 서로를 믿지 못하는 죄수들은 둘 다 자백하여 각각 10년을 복역하는 최악의 선택을 하게 된다.

가장 경계해야 할 죄수의 딜레마

공동제작도 마찬가지다. 양 사가 신뢰를 바탕으로 합의된 커뮤니케이션을 하면 시청자에게 훨씬 효과적으로 도달할 수 있다. 서로 합심하여 최대한의 노출을 확보하며 더욱 효율적인 마케팅 진행이 가능해진다. 그러나 어느 한쪽이 단독 행동에 나서 이기적인 플레이를 하는 순간, 잠깐은 홍보 효과를 얻겠지만 결국은 그만큼의 손해를 보게 된다. 편성 정보가 엇갈리고 내용이 뒤죽박죽인 기사가 뿌려지기도 하는 등 전체 파이의 크기도 작아진다.

또한, 사람은 감정의 동물인지라 상대방의 이기적인 행동 때문에 손해를 보고 나면 다음번에 '복수'할 기회를 노리게 된다. '이번에 손해를 봤으니 다음번엔 우리가 더 챙길 거야'라는 마음을 가지게 된다. 그렇게 되면 의미 있는 파트너 관계는 깨지고, 각자의 장점을 살리며 적은 비용으로 효과적인 콘텐츠를 만들려던 최초의 공동제작 목표는 달성할 수 없게 된다.

서로의 비교우위를 활용하는 지혜

콘텐츠를 제작하고 서비스하는 플레이어(Player)들은 저마다 고유의 자원과 역량이 있고, 이는 언제 어디서든 상호 비교우위를 갖게 마련이다.

예를 들어 통신사는 전국 수천 곳에 오프라인 매장이 있고, 전 국민이 사용하는 스마트폰, 인터넷, IPTV 서비스망을 가지고 있다. 지상파 방송국은 전 국민에게 실시간으로 전파가 송출되는 거대 플랫폼이자 직접 콘텐츠를 제작할 수 있는 역량을 가지고 있다. 서로의 비교우위를 활용하면 더 효과적으로 콘텐츠를 흥행시킬 방안을 찾아낼 수 있는 것이다.

'한쪽의 이름만 나간 보도자료'는 흔히 발생하는 이기적인 행동의 표본이다. 하지만 우리는 '콘텐츠의 성공이 우리의 성공'이라는 공동의 믿음을 공유하고 있기에 오해 없이 신속하게 이 상황에 대응할 수 있었다.

옥 피디 | 확인해보니 어젯밤 초안 수준으로 작성해놓았던 기사 몇 개가 실수로 발송이 되었나봐요. 우선 기사가 발송된 2개 언론사에는 변경을 요청했어요.

채 과장 | 역시 뭔가 착오가 있었을 거라고 생각했어요. 그럼 일정을 앞당겨서 내일 오전에 재배포를 진행하고, 고막메이트 시즌 2 런칭에 집중합시다!

이렇게 우리는 지난 3년간 집을 짓듯이 작은 신뢰의 벽돌을 쌓아나갔다. '콘텐츠의 성공이 곧 우리의 성공'이라는 확고한 믿음을 바탕으로 불신의 비용을 절감하며 「고막메이트」를 위한 가장 효과적인 시너지를 창출해냈다.

화이트 크리스마스 송

'고막라이브'의 탄생

2019년 겨울, 「고막메이트」 시즌 1이 끝나갈 무렵, 좀처럼 약한 소리를 하지 않는 옥 피디가 고민이 있다며 전화를 걸어왔다.

옥 피디 | 고막메이트가 유튜브 알고리즘 덕을 거의 보지 못하고 있어요. 추천으로 인한 유입량이 너무 적은데 아마도 토크와 노래 두 파트가 한 콘텐츠에 같이 포함되어 있기 때문인 것 같아요. 그래서 토크와 노래 파트를 따로 떼서

각각 제작할까 하는데, 어떻게 생각해요?

채 과장 | seezn의 시청자들은 토크와 노래를 하나의 콘텐츠 안에서 볼 수 있어서 좋다는 반응이 많아서… 그건 어렵겠는데요?

「고막메이트」는 '너의 이야기(토크)', '우리가 들려줄게(노래)' 두 파트로 구성되어 있다. 앞부분은 토크 콘텐츠, 뒷부분은 영국 Mnet의 「Unplugged」에서 영감을 얻어 색다르게 구성한 노래 콘텐츠이다 보니 유튜브 추천 영상 노출에 불리하다는 말이었다. 일리가 있었다. 유튜브 추천 알고리즘이 「고막메이트」를 토크를 좋아하는 사람에게 추천할지, 노래를 좋아하는 사람에게 추천할지 명확하지 않을 수 있었다.

하지만 seezn에서는 토크와 음악이 하나의 콘텐츠에 포함되어 완성도 높은 프로그램으로 소구하는 것이 이용률 향상에 더 효과적이었다. 게다가 공동제작 콘텐츠의 특성상 양 사가 서로 다른 포맷의 콘텐츠를 올리는 건 계약상 문제가 있어 보였다. 묘안이 필요했다. 그 순간, 최근 개편된 앱의 새로운 기능인 '세로형 미리보기'가 떠올랐다.

"옥 피디, 이번에 우리 앱 개편되는 거 알죠? 옥 피디의 고민도 해결하고 고막메이트를 seezn 앱에 효과적으로 노출할 수 있는 좋은 아이디어가 있어요!"

「고막메이트」는 최초에 '올레tv모바일'의 오리지널 콘텐츠로 런칭했다. 그리고 몇 달 뒤, 올레tv모바일이 'seezn'이란 이름으로 리뉴얼되면서 기존에 없던 다양한 기능과 편성 영역이 생겼다. 콘텐츠 홍보를 위한 새로운 기능들이 다수 만들어졌는데, 그중 눈에 띄는 것이 모바일 이용 환경에 최적화된 '세로형 미리보기' 영역이었다.

이 영역은 메인 화면 바로 하단에 위치하여 seezn에서 볼 수 있는 영화나 드라마의 예고편을 크게 노출할 수 있었다. 유튜브의 쇼츠나 인스타그램의 릴스처럼 예고편을 가볍게 넘기며 시청하다가 마음에 드는 프로그램이 있으면 곧바로 이동하도록 하는 기능이었다.

채 과장 | seezn에서는 그 노래 영상을 예고편처럼 활용하면 좋겠어요. 이번에 개편된 세로형 미리보기 영역에 매번 노래 파트 영상을 올려 본편으로 유도하는 거예요. 전통적인 형태의 예고편은 아니지만 활용하기 나름이잖아요.

옥 피디 | 좋은 생각인데요? seezn 앱 메인 화면에는 매주 새로운 고막메이트 라이브 콘텐츠가 노출되어 시청자를 더 많이 확보할 수 있겠네요. 그리고 유튜브 채널에서는 토크와 노래 두 파트로 나뉘어 각각 유입될 테니 각자의 플랫폼에서 더 많은 충성 시청자를 확보할 수 있을 것 같아요!

채 과장 | 그럼 이름도 지어보죠. 고막메이트의 라이브 파트만 분리했으니까

'고막라이브' 어때요?

옥 피디 | 좋아요! 바로 실행에 들어갑시다!

'함께 만드는 힘'이라는 성공 방정식

"I'm dreaming of a white Christmas~"

　2019년 크리스마스이브. 「고막메이트」 유튜브와 seezn에서는 김이나, 딘딘, 이원석, 정세운이 함께 부른 특별한 크리스마스송 「화이트 크리스마스」가 울려 퍼졌다. 김이나 작사가의 최초 공식 라이브로도 화제가 되었던 「고막메이트」의 첫 세로형 콘텐츠 '고막라이브'의 탄생이었다.

　'고막라이브'가 탄생하기까지 4MC의 숨은 노력들이 있었다. 특히 정세운은 직접 나서서 편곡을 하고, MC들이 파트를 나눠 미리 연습하는 등 애정을 담아 고메즈의 첫 라이브를 준비했다.

　효과는 압도적이었다. '고막라이브'는 본편보다 무려 열 배 넘는 시청량을 기록하며 「고막메이트」 홍보용 콘텐츠로서 역할을 톡톡히 해냈다. 「고막메이트」 유튜브 채널에서도 토크와 노래 두 파트로 제작하여 각기 다른 시청자들에게 효율적으로 추천되면서 높은 조회수로 이어졌다.

이제 시청자들은 「고막메이트」 토크 편과 '고막라이브' 노래 편을 구분하여 시청하고, '고막라이브'는 언플러그드 라이브로 유튜브 음악 콘텐츠 중 하나의 브랜드가 되었다.

공동제작 파트너의 어려움에 공감하고, '예고편을 올리는 영역에는 예고편만 올린다'는 고정관념에 사로잡히지 않았기에 새로운 시도가 가능했다. 또한 「고막메이트」가 더 많은 사람들에게 가닿기를 바라는 모두의 진정성이 모여 한겨울의 따뜻한 크리스마스가 완성되었다.

이처럼 우리는 '함께 만드는 힘'으로 「고막메이트」의 다정하고 무해한 세계관을 지켜나가고 있다.

CHAPTER 6

취향의 시대가
원하는 콘텐츠

취향의 시대가 원하는 콘텐츠

　비약적으로 성장한 콘텐츠 대폭발의 시대. 클릭 한 번이면 원하는 콘텐츠를 찾을 수 있고 한 플랫폼에서 언어의 장벽도 없이 하나가 될 수 있는 취향의 시대. 전 세계 79억 인구가 인터넷으로 연결되면서 예전에는 비주류라 외면받던 취향들도 더 이상 소수가 아니게 되었다. 0.1퍼센트뿐인 비주류 취향이라도 온라인에서는 간편하게 모일 수 있으니 이들의 목소리에 힘이 실리고, 소규모 커뮤니티는 더욱 단단해진다.

　서로 다른 취향과 개성을 가진 사람들이 '대중픽'보다는 나만의 '마이픽'인 콘텐츠를 찾아보는 시대. 이를 반영하듯 유튜브 트렌드 또한 '검색어를 통한 유입량'이 가파르게 늘었다. 채널의 힘, 구독자 수가 가진 힘은 점점 줄어들고, 나의 취향에 정확하게 꽂히는 콘텐츠를 직접 찾아보는 사람들이 늘어나고 있다.

유튜브로 대표되는 디지털 콘텐츠 플랫폼이 엄청난 인기를 넘어 생활의 일부분이 된 것도 이와 맥락을 같이한다. 사람들이 유튜브를 찾는 이유는, 나의 시청 기록을 기반으로 내 취향과 가장 가까운 콘텐츠를 소비할 수 있기 때문이다. 이용 시간이 길어질수록 알고리즘은 더욱 내 취향에 부합하는 콘텐츠만 추천해주기 때문에, 개인의 취향의 폭은 필연적으로 더욱 좁아지고 깊어질수밖에 없다.

혐오와 불편의 시대를 넘어

사람들의 취향이 세밀화되고 깊어질수록 회사 옆자리 동료의 관심사보다 나의 취향과 관점으로 연결된 커뮤니티가 더욱 중요해졌다. 물리적으로 가까이 있는 사람들과의 관계는 해체되는 반면, SNS와 인터넷을 통해 만난 취향과 가치관이 비슷한 사람들과는 더욱 공고하게 이어지게 되었다.

각자의 취향이나 삶의 방식이 무시무시하게 세분화되었고, 내 취향이 아닌 것들에 대한 몰이해와 혐오 또한 그대로 세상에 드러났다. 서로를 혐오하는 단어가 일상적으로 사용되고, 각종 커뮤니티에 서로를 비방하는 글이 넘쳐나는 것은 결코 우연이 아니다. 나와 다른 생각과 삶의 방식을 가진 사람들을 이해하지 못하고, 이해하려고 하지 않으며, 그 공론장조차 세분화된 시대. 나와 다른 모습을 비난하고 악의적인 단어로 묘사하고 비아냥거리며 같은 취향을 가진 사람들의 결집을 유도한다. 남을 흉보면서 서로 친해지는 경험. 어린 시절 유치한 행동들이 '우리'라는 이름으로 합리화되는 세상이다.

이처럼 나와 다른 삶의 방식에 대해 불편한 감정을 느끼고 이 불편함이 혐오로 발전한다면, 우리는 무시무시한 취향 세분화의 시대에 몰이해와 고독으로 나와 다른 모든 것들을 혐오하게 될 것이다. 이해보다는 혐오하는 것이 쉬운 일이기 때문이다. 반면 서로의 다름을 인정하고, 이해하며, 나아가 위로와 공감을 전하는 콘텐츠를 만드는 데에는 오랜 시간과 섬세한 노력이 필요하다.

그래서 우리는 「고막메이트」를 통하여 각기 다른 취향과 개성을 가지고 있는 사람들의 고민과 그 층위의 다양성을 보여주길 바랐다. 각 개인의 삶의 형태를 진정성 있게 다루고, 서로 다른 가치관에 대한 이해와 공감을 바탕으로 더 큰 사회적 통합을 지향하면서 콘텐츠를 통해 조금이나마 세상을 좋게 만들고 싶다고 생각했다.

이 이야기는 이성애자를 기준으로 제작되었습니다

영화잡지 『씨네21』에 「고막메이트」에 대한 기사가 실린 적이 있다. 「고막메이트」 영상에 삽입한 '이 이야기는 이성애자를 기준으로 제작되었습니다'라는 자막에 주목해준 최지은 기자의 글은 우리의 이런 노력을 발견해준 고마운 일이었다.

한국에서 '연애 상담' 프로그램이 대부분 그러하듯 이성애 중심적이라는 한계가 있지만, "남녀 사이에는 서로 어느 정도 기준에 맞아야 친구가 될 수 있다"는 발언에 자막으로 '이성애자 기준'이라 짚어주는 제작진은 적어도 그 한계를 인식하고 있다는 면에서 인상적이다.

– 최지은, 「이주의 스트리밍」, 『씨네21』(2020년 5월 22일)

나의 취향을 분석한 AI 알고리즘의 추천으로 우리는 보고 싶은 것만, 보여지는 것만 보게 되는 위험한 시대를 살고 있다. 그렇기에 「고막메이트」는 일상 곳곳에 숨어 있는 혐오와 차별의 단어들을 줄여나가고, 다양한 삶의 모습을 반영하고자 꾸준히 노력하고 있다.

'첫 경험, 처음인 척 해야 하나요?' '날 왕따시킨 친구가 너무 잘 살아서 괴로워요' '나의 강박증과 트라우마를 어떻게 극복할 수 있을까요?' '남이 생각하는 나와 내가 생각하는 나의 모습이 달라서 힘들어요' '안 그러고 싶은데 무의식중에 계속 남과 나를 비교해요' 등과 같은 「고막메이트」의 주제 선정은 우리가 냉소가 아닌 애정으로 서로를 이해하는 데 도움이 될 수 있기를 바라는 마음의 결과이다.

외로움의 시대가 원하는 콘텐츠

코로나19로 인해 사람들은 더 고립되었지만, 아이러니하게도 서로 더욱 강하게 연결되길 원하고 있다. 그렇기에 외로움을 완화하고 함께 연결되어 있다는 느낌을 주는 콘텐츠가 그 어느 때보다 필요해졌다. 비대면과 고립의 시대를 살아가는 우리에게 이런 취향도, 저런 관점도 있다는 것을 제시해주는 콘텐츠. 그리하여 서로 오해를 줄여나가고 유대감을 높이며 더 나은 공동체를 위한 콘텐츠. 그것이 바로 우리가 만들고자 하는 외로움의 시대가 원하는 콘텐츠이다.

십수 년에 걸쳐 콘텐츠 제작에 몸담으며 깨달은 것이 있다. 사람들은 판단보다는 '위로'를, 조언보다는 '공감'을 원한다는 것이다. 사람은 따뜻한 마음과 섬세한 손길을 본능적으로 원한다. 그래서 「고막메이트」는 백인백색 다른 사람의 마음을 있는 그대로 바라보려고 한다. 상처를 꿰매주는 따뜻한 마음과 등을 두드려주는 섬세한 손길을 가진 네 명의 MC들과 함께 그 다름을 예민하게 알아차리고 콘텐츠에 반영하려고 노력했다. 나이, 성별, 체형, 성적지향 등에 상관없이 각자의 고민이 무엇인지 경청하며 그 다양한 삶의 방식들이 그대로 인정받기를 바라며 제작하였다.

그래서 「고막메이트」는 일방적으로 제작진의 의도를 전달하는 것이 아니라 서로의 생각을 주고받는 밀도 높은 커뮤니티를 먼저 구축함으로써 생명력을 가진 유기체로 성장했다. 이름을 불러주고(Calling), 유대감을 쌓는(Build Up), 선순환 커뮤니티(Relationship) 안에서 서로의 외로움을 완화하고, 각자의 취약성을 존중하며 더 나은 세상을 위한 방향성을 제시할 수 있는 콘텐츠에 대한 염원을 늘 기억하면서.

무해한 콘텐츠의 힘

다정하고 무해한 콘텐츠의 힘을 보여주는 사례는 「고막메이트」뿐만이 아니다. tvN 「온앤오프」, 카카오TV 「톡이나 할까?」도 이른바 무해한 콘텐츠로 사랑받고 있다. 이 세 프로그램은 각기 다른 취향과 개성을 지닌 사람들의 모습을 있는 그대로 존중하고 애정을 담아 보여준다는 공통점이 있다. 클릭을 유도하는 매운 맛 콘텐츠 전성시대에 스스로의 색깔과 본질을 지키며 순한 맛 콘텐츠로 시청자들의 마음을 사로잡고 있다.

다양한 삶의 방식을 존중하는 콘텐츠의 힘 : 「온앤오프」, 정효민 피디

"「온앤오프」는 '기분 좋은 조바심을 내게 하는 프로그램'이라는 말이 좋았어요. 시청자들이 우리 프로그램을 보고 '나도 캠핑 가봐야지' '나도 화분 키워봐야지' '나도 베이킹 한번 해볼까?' 등의 피드백이 올 때 참 좋아요. 「온앤오프」가 누군가의 삶에 영향을 미칠 수 있고, 그분들의 삶이 좀 더 풍요로워지는 데 조금이나마 보탬이 될 수 있다는 거잖아요. 저도 프로그램 덕분에 캠핑카를 사서 나의 온(ON)과 오프(OFF)를 새롭게 경험하는 중이에요." – 정효민 피디

정효민 피디의 작품 중 내가 최고로 꼽는 세 가지는 「말하는 대로」, 「효리네 민박」, 「온앤오프」이다. 그중 「온앤오프」는 순한 맛으로 차별화를 꾀하며, 다양한 방식으로 자신의 삶을 꾸려가는 사람들의 이야기를 다룬다는 점에서 「고막메이트」와 결을 같이 한다.

출연자들이 하지 않은 것을 인위적으로 만들어내지 않고, 그들의 고민과 생각을 솔직하게 보여준다. 자극적인 요소를 부각시키는 등의 과도한 예능식 편집을 줄이고, 출연자의 삶에서 공감 포인트를 찾는 것에 집중한다.

또한 시청자들에게 일상의 온(ON)에서는 이래야 한다거나,

오프(OFF) 때는 저래야 한다고 가르치지 않는다. 그렇기에 시청자들은 자연스럽게 '이런 삶도 있구나' '저런 생각도 있구나' '나도 한 번쯤은 저렇게 해보고 싶다'와 같은 마음이 들게 된다.

정효민 피디와의 대화에서도 가장 많이 나온 이야기가 '프로그램을 통해 억지로 무언가를 더하거나 가르치고 싶지 않다'는 것이다. 피디가 지닌 결과 딱 들어맞는 프로그램이 아닐 수 없다.

오디오 없는 콘텐츠의 농밀한 힘 : 「톡이나 할까?」, 권성민 피디

「고막메이트」도 출연자들이 더 진솔한 이야기를 나눌 수 있도록 장소에 대한 고민을 많이 한다. 10CM 권정열과 함께한 19금 콘텐츠는 이태원의 와인바에서, B1A4 산들과 함께한 한여름의 라이브 콘텐츠는 호텔 루프탑에서 촬영을 진행했다.

「톡이나 할까?」는 한 발 더 나아가 매 회차 새로운 곳으로 촬영 장소를 정한다. '카톡 인터뷰'라는 프로그램의 특성상 '문자 대화'라는 특성 위에 '비언어적 신호'가 잘 드러날 수 있도록 공간의 중요성이 더욱 강조되는 것이다.

「톡이나 할까?」의 권성민 피디는 이러한 프로그램의 특성을 120퍼센트 구현하여 언어적 신호인 문자와 비언어적 표현인 표정, 눈빛 등이 아름답게 조화를 이루는 프로그램을 탄생시켰다.

특히 「톡이나 할까?」와 「고막메이트」는 디지털이라는 한정된 플랫폼, 적은 제작비, 짧은 콘텐츠 길이 등 모든 것이 TV 프로그램보다 훨씬 악조건인 상황에서도 세상에 대한 애정을 바탕으로 다양한 관점을 반영하며 '이런 세계도 있다'는 것을 알리고자 노력하고 있다.

두 프로그램 모두 죽음을 소재로 다룬 적이 있다. 「고막메이트」는 가장 가까운 가족의 죽음을 겪은 사연을 선정하여 짧고 가벼운 콘텐츠가 인기를 끄는 디지털 생태계에서 정면으로 죽음에 대한 이야기를 다루었다.

「톡이나 할까?」는 장례식을 돕는 장례지도사, 고독사 현장을 치워주는 특수 청소부, 존엄한 죽음을 돕는 호스피스 의사 세 분이 출연하여, 늘 죽음 곁에서 자신의 '일'을 하는 사람들이 바라본 죽음에 대한 이야기를 다루었다.

비록 이 주제가 「고막메이트」나 「톡이나 할까?」 둘 다에서 흥행하지 못했지만, 우리가 꼭 다뤄야 하는 이야기라는 확신이 있었다. 또한 이에 대한 시청자들의 유의미한 반응이 있었기에 계속해서 용기를 내어 '다른 세계관'을 보여준다는 점에서 공통점이 있다.

밀도 높은 커뮤니티 콘텐츠의 힘 : 「고막메이트」

콘텐츠가 힘을 가지려면 그것이 '진짜'여야 한다. 「고막메이트」의 장수 요인에 빠지지 않고 언급되는 것이 바로 '진정성(authenticity)'이다.

주제를 선정한 후 4MC의 생각과 이야기를 세심하게 인터뷰하고, 공들여 대본을 작성하고, 녹화 당일 편안하게 대화할 수 있는 환경을 만든다. 그렇게 우리의 색깔을 지키려고 꾸준히 노력한 시간들이 쌓여 「고막메이트」만의 이야기와 서사가 만들어지고, 밀도 높은 유대감이 형성되어 강력한 팬덤이 구축되었다.

연예인들이 내 고민을 직접 상담해준다. 다른 방송에서는 들을 수 없는 '진짜' 이야기들을 해준다. 사소해 보이는 내 고민도 소중하게 여겨준다. 4MC의 색깔에 맞게 다양한 솔루션을 제시해준다. 그에 맞춰 감미로운 노래까지 불러준다. 특히 '깨성대(깨어 있는 성인들의 대화)' 같은 19금 토크를 할 때도 어떤 방송에서도 볼 수 없는 자신의 경험담을 꺼내놓고, 제작진은 이를 세심하게 편집하여 내보낸다.

시청자는 이런 과정에 열광해 마음을 빼앗긴다. 「고막메이트」와 감정적 유대감을 갖고, 이 세계관에 몰입하여 콘텐츠를 능동적으로 소비한다. 콘텐츠에 대한 다양한 반응을 보고 의견을 공유하며, 제작자가 의도하지 않았던 캐릭터를 부여하기도 하고, 사연을 직접 선정해주기도 한다. 나아가 스스로 홍보대사가 되어 콘텐츠 확장에 앞장선다. 이것이 바로 '밀도 높은 커뮤니티 콘텐츠'가 가진 힘이다.

'빛이나'는 콘텐츠를 위한 TIP

이렇게 우리는 시청자인 막둥이와 함께 「고막메이트」의 본질과 색깔을 지키며 우리만의 결을 지닌 콘텐츠를 만들어왔다. 그리고 「고막메이트」가 더욱 빛이 날 수 있도록, 더 많은 사람들에게 발견될 수 있도록 지속적이고 반복적인 소통도 꾸준히 진행해왔다. '콘텐츠의 성공이 곧 우리의 성공'이라는 믿음을 잃지 않고, 서로 격려하며 다정한 위로를 건네는 유대감 강한 커뮤니티로 성장해갔다.

모든 것은 시청자에서 시작된다

우리는 초기 기획인 「사운드 오브 시티」를 과감히 버리고 시청자에게 집중했다. 디지털 콘텐츠 생태계에서는 시청자의 니즈를 반영한 콘텐츠만 살아남는다는 것을 알고 있기 때문이다.

이제 시청자들은 스스로 원하는 것만 찾아서 본다. 그리고 그 취향에 따른 알고리즘이 콘텐츠의 발견과 흥행을 결정한다. 그래서 많이들 알고리즘의 선택을 받기 위한 전략과 전술에 몰입하지만, 결국 유튜브는 시청자의 관심사와 시청 지표를 기반으로 콘텐츠 추천을 진행하므로, 이를 제대로 반영한 콘텐츠만이 알고리즘의 선택을 받을 수 있다.

그래서 우리는 기획의도인 '몸과 마음이 지친 금요일 밤, 퇴근길에 보면서 위로받는 콘텐츠'라는 본질에 집중했다. 한 주를 마무리하는 금요일 밤 퇴근길에 콘텐츠를 보는 사람들의 관심사를 파악하고, 공통된 취향을 발굴해내기 위해 기획 단계에서부터 많은 대화와 논의를 거쳤다. 제작하는 과정에서도 「고막메이트」 시청자의 관심사를 수시로 파악하고 정확하게 가닿기 위한 유연한 노력들을 계속해왔다.

시청 통계자료 활용하기

유튜브 크리에이터 스튜디오 분석 툴은 시청자들이 '시청한 동영상, 시청하지 않은 동영상, 시청 시간, 시청 위치, 좋아요 및 싫어요, 공유, 관심 없음' 등의 숫자와 통계들을 세세히 알려준다. 「고막메이트」 또한 '언제 시청하는가, 얼마나 오래 시청하는가, 어떤 게스트를 가장 좋아했는가' 등을 파악하여 사연 선정에 참고하고, 콘텐츠 길이를 유연하게 결정하며, 향후 섭외에 중요한 지표로 삼았다.

월 2회 진행하는 인사이트 회의에서 도출한 '고막메이트 시청자의 관심사' 분석 결과를 통해 「고막메이트」 콘텐츠의 미션, 시청자 성격, 취향에 대해 정립하고, 그 데이터를 기반으로 우리의 색깔에 맞는 사연 선정, 시청자 성격에 맞는 편집, 선호도에 따른 섭외 진행이 이루어진다. 이는 콘텐츠 매력도, 콘텐츠 충성도와 직결되어 「고막메이트」를 '내 이야기를 잘 들어주는 콘텐츠', '나와 연결된 콘텐츠', '시청자 피드백이 빠른 콘텐츠'로 인식되게끔 만들었으며, 시청자와 끈끈한 유대감이 있는 커뮤니티로 성장하는 데 큰 영향을 끼쳤다.

방송국도, OTT 서비스도 그저 크리에이터 중 하나일 뿐

현재 모든 콘텐츠 제작자들에게 있어 가장 중요한 디지털 플랫폼 중 하나인 유튜브는 크게 'Creator, Audience, Ads'라는 세 가지 요소로 구성되어 있다.

- **Creator** : 유튜브가 등장하며 '크리에이터'라는 직업이 생겨났고, 스마트폰 보급에 힘입어 더 높은 퀄리티의 영상이 만들어졌다. 누구나 콘텐츠를 만들어 올릴 수 있는 '콘텐츠 크리에이터'의 시대가 되었다.
- **Audience** : 시청자에게도 이 '콘텐츠 폭발' 환경이 영향을 끼쳤다. 이제 플랫폼이 제공하는 고정된 편성에서 벗어나 각자의 취향에 맞는 콘텐츠 시청이 가능해졌다. 이는 AI 알고리즘에 의하여 추천되는 개인 데이터 맞춤형 분석에 기반한다.
- **Ads** : 광고주는 어떻게 하면 광고가 원하는 사람들에게 효율적으로 도달되고, 원하는 행동으로 이어지는지를 정교하게 분석하여 집행할 수 있게 되었다. 또한 크리에이터들은 이 광고 수익을 가지고 지속적으로 콘텐츠를 생산하는 선순환 구조를 이루게 되었다.

'어떻게 하면 고막메이트를 더 많은 사람들에게 발견되게 할 수 있을까'를 고민할 때 선행되어야 할 전제가 있다. 바로 「고막메이트」도 유튜브 플랫폼에서는 지상파 방송국도, 대한민국 대표 통신사도 아닌, 유튜브에 콘텐츠를 업로드하는 크리에이터 중 하나라는 사실이다. 따라서 시청자들의 눈에 띌 수 있는 방법에 대한 치열한 고민이 필요하다.

발견의 법칙 1. 시각적 차별화

시청자들에게 잘 발견되도록 콘텐츠를 '시각적으로 차별화'하는 것은 콘텐츠를 잘 만드는 것만큼이나 중요한 일이다. 일단 발견이 되어야 좋은 콘텐츠인지 아닌지 평가를 받을 수 있기 때문이다.

「고막메이트」라는 콘텐츠를 한눈에 시청자들에게 각인시키기 위해 채널명, 로고, 채널 대표 이미지, 미리보기 이미지, 영상 내 인트로와 아웃트로 등 호기심을 유발하면서도 통일감을 주는 디자인으로 구축하고자 노력했다. '음악 토크 콘텐츠'라는 콘셉트를 잘 표현할 수 있도록 귀, 고막, 음표, 편지지, 메모지 등의 그래픽 소스를 활용하여 간결하되 인상적으로 제작했다.

섬네일 이미지의 시각적 차별화 역시 중요하다. 섬네일은 콘텐츠를 발견하고 선택하게 하는 시작과 끝이다. 그만큼 중요하기에 영상을 대표하는 이미지인지, 즉각적으로 시청자의 호기심을 유발할 수 있는지 잘 판단해야 한다. 휴대폰에서도 잘 보이는 이미지와 글자 크기인지 체크하는 등 디테일을 놓치지 않는 한편, 내 콘텐츠만의 톤앤매너를 유지하는 것도 필수다.

「고막메이트」 섬네일은 주로 쓰는 색깔, 자막, 톤 등을 통일하여 콘텐츠가 바로 눈에 띌 수 있게 했다. 또한 섬네일의 글자 색, 테두리 색이 세 가지 조합을 넘지 않게 하여 간결하게 보이도록 작업했다.

추가적으로, 콘텐츠를 시리즈, 또는 주제별로 묶어서 재생목록을 구성하면 시청자들이 우리 콘텐츠를 계속 시청하는 데 도움이 된다. 특히 유튜브는 추천 영상 알고리즘을 통해 시청자가 계속 이어서 보게끔 유도하기 때문에 이러한 작업은 반드시 필요하다.

발견의 법칙 2. 콘텐츠의 결에 맞는 메타데이터 작성

'메타데이터'란 영상과 관련된 제목, 설명, 해시태그와 같은 콘텐츠의 부가적인 정보를 말한다. 이 메타데이터가 영상과 관련이 없으면 유튜브 생태계에서 잘 발견되지 않는다.

「고막메이트」의 결에 맞는 최적의 메타데이터 구축은 '콘텐츠를 설명하는 텍스트를 명확하게 잘 쓰는 것'이다. 결국 모든 검색은 텍스트를 기반으로 이루어지기 때문이다.

그렇기에 영상에 대한 중요한 키워드가 제목에는 못 들어가도 콘텐츠 설명에는 반드시 들어가야 한다. 또한 제목과 설명에 들어가는 문장은 꼭 시청자에게 말하는 것처럼 작성하는 것이 좋다. 「고막메이트」는 유명한 연예인들이 다른 방송에서는 들을 수 없는 진짜 이야기를 해주고, 내 고민이 사소해도 소중하게 여겨주며, 나와 연결되어 있다는 느낌이 드는 콘텐츠이다. 그래서 4MC가 막둥이에게 직접 말하는 것처럼 「고막메이트」만의 결을 잘 살린 시청자 언어로 섬네일, 제목, 설명 등 모든 문구를 작성했다. 또한, 섬네일과 문구를 결정하는 회의를 매주 치열하게 진행하면서 전체적인 톤앤매너를 맞추는 데 최선을 다하고 있다.

발견의 법칙 3. 밀도 높은 커뮤니티 구축

마지막으로, 시청자가 계속해서 방문하고 머무를 수 있는 밀도 높은 커뮤니티를 구축하는 것이 중요하다.

시청자가 계속해서 우리 채널에 머무르게 하는 것은 롱런하는 콘텐츠로 가는 가장 중요한 포인트이다. 오래 머무를수록 콘텐츠와 상호작용을 하며 스스로와 콘텐츠를 동일시할 확률이 높아지기 때문이다. 그렇게 되면 주변인들이나 커뮤니티를 통해 입소문을 내줄 가능성도 함께 높아진다.

앞서 소개한 서로의 이름 불러주기(Calling), 강력한 유대감 쌓기(Build Up), 선순환 커뮤니티 만들기(Relationship)를 기반으로 시청자와 의미 있고 지속적인 관계를 쌓는 작업 역시, 해당 이슈에 대하여 시청자들이 몰입하고 다양한 생각을 나누는 등 단단한 커뮤니티를 형성하며 머무르는 시간을 늘리는 데 중요한 역할을 했다.

그래서 우리는 「고막메이트」의 본편 콘텐츠뿐만 아니라 커뮤니티 탭, 쇼츠 등 모든 수단을 활용해 부가 콘텐츠를 만들고 있다.

특히 '고막라이브'의 역할이 컸다. 「고막메이트」 유튜브 버전은 토크와 노래를 별도의 콘텐츠로 제작하여 업로드하고 있다. 이는 각각의 콘텐츠가 유튜브 생태계 안에서 발견되도록 하는 장치임과 동시에 시청자들이 더 자주, 더 다양하게 「고막메이트」를 만날 수 있도록 해주는 목적도 있다.

유튜브 스튜디오 데이터를 분석해보면, 「고막메이트」는 매주 금요일 저녁 6시 업로드 이후 금토일이 지나고 월요일부터 완만

한 하강 곡선을 그리며 콘텐츠 노출과 체류 시간, 총 시청 시간이 줄어든다. 그래서 시청량이 줄어드는 시점인 매주 화요일 저녁 6시에 '고막라이브'를 편성하고, 본편으로 연동되는 시청 유도 카드를 넣어서 시청자가 더 오랜 시간 이 세계관 안에 머무를 수 있도록 했다.

이 모든 것이 콘텐츠 경쟁력이다

이러한 매일의 노력들이 쌓여, 「고막메이트」는 2019년 런칭 이후 꾸준히 구독자와 시청지표가 증가하여 대한민국 국민 숫자에 버금가는 조회수를 기록한 콘텐츠가 되었다. (누적 조회수 4,500만 뷰. 2022년 3월 기준)

썸네일, 텍스트 메타데이터, 부가영상 등 이 모든 것이 콘텐츠의 경쟁력이다. 하루에 자그마치 60년치의 동영상이 업로드된다는 거대한 유튜브 콘텐츠의 세계. 그야말로 망망대해 콘텐츠의 바다에서 작디작은 「고막메이트」라는 조각배가 잘 발견되게 하기 위한 필수 요소이기 때문이다.

'진정성의 힘, 관계성의 힘, 공감의 힘, 함께 만드는 힘.' 이 네 가지 「고막메이트」 제작 이론을 바탕으로 콘텐츠의 본질과 색깔을 지키며 모두가 한 마음으로 노력한 결과, 시청자와의 끈끈한 유대감을 바탕으로 위로와 공감의 세계관을 확장해나가는 '빛이 나'는 콘텐츠로 성장할 수 있었다.

고막메이트라는
소우주

옥 피디 | 2019년 첫 방송 이후 고막메이트를 사랑해주는 단단한 팬덤이 생겼잖아요. 어떤 점이 막둥이들에게 가장 어필했다고 생각해요?

> **채 과장** | 무엇보다 따뜻한 유대감을 가진 커뮤니티 콘텐츠라는 것이 가장 크죠. 말 그대로 초다양성의 시대가 열렸잖아요. 모두가 다른 취향과 가치관을 가진 세상이 되다 보니 나를 이해해주는 콘텐츠를 필요로 하게 된 것 같아요. 그래서 고막메이트의 판단하지도 비난하지도 않는 위로와 공감의 세계관이 매력적으로 다가온 거죠.

옥 피디 | 저도 그렇게 생각해요. 코로나19로 인한 '비대면과 고립을 완화해주는 콘텐츠', '나와 연결되어 있다는 느낌을 주는 콘텐츠'가 중요한 키워드가 되었어요.

채 과장 | 그래서 앞으로는 커뮤니티가 모든 것이 될 수밖에 없어요. '더 나은 연결'에 대한 갈망을 가지고 있으니까요. 같은 맥락에서 직접 참여할 수 있는 실시간 라이브 방송도 인기를 끌죠. 외로움을 완화하고 서로의 연결을 높이는 경험이니까요.

옥 피디 | 그런 의미에서 고막메이트와 더 '연결'된 느낌을 주는 아이디어 있을까요?

채 과장 | 막둥이들이 콘텐츠에 직접 참여하는 라이브 방송을 강화하고 싶어요. 팬들이 막상 스타를 실제로 만나면 말도 제대로 못하는 경우가 많잖아요. 하지만 온라인상에서는 스타와 팬의 관계를 떠나 동등한 커뮤니케이션이 이루어지죠. 온라인에서 직접 만나는 경험을 주는 메타버스 라이브 같은 형태의 콘텐츠를 만들어서 소규모지만 '더 나은 연결'과 '교감'의 경험을 함께하고 싶어요.

옥 피디 | 저도 같은 맥락에서 코로나19 때문에 하지 못했던 '토크 콘서트'를 꼭 진행하고 싶어요. 콘텐츠의 세계관을 더 깊은 연결로 확장시키는 계기가 될 테니까요. 다정한 고막메이트 팬덤과 고메즈가 직접 만나서 소통하고, 의미 있는 경험을 나누는 모습을 꿈꾸며 달려보죠!

채 과장 | 이렇게 바로 목표 세팅 완료? 역시 '되면 한다'의 옥
피디!

옥 피디 | '콘텐츠의 성공이 곧 우리의 성공'이라는 마음으로
지난 3년 동안 함께해왔다는 것이 많은 가능성을 보여준다고
생각해요. 서로 의견이 다른 경우도 있었지만 항상 긍정적으
로 가능성이 있는 부분에 집중해서 발전적인 방향으로 나아
가고 있잖아요. 이게 중요한 이유는 시대의 흐름이 너무나 빨
리 변하고 있기 때문이에요.

채 과장 | 옥 피디 말대로 이제는 정답이 없는 세상이죠. 우리
만의 관점과 취향을 가지고 대담하고 긍정적으로 새로운 시
도를 계속하는 것. 그것만이 이 세계관을 더 나은 방향으로 이
끄는 방법이 아닐까요?

옥 피디 | 앞으로도 계속해서 새롭고 대담한 시도를 해봐요! 고
막메이트라는 콘텐츠에서 시작된 이 세계관이 사람들을 위로
하고 공감하며 무한하게 확장하는 소우주가 될 수 있도록!

Special Thanks To

고막메이트라는 소우주를 함께 만들어준
김이나, 딘딘, 이원석, 정세운, 곽민지, 민정이, 고재연, 조현지, 이재선, 김민주, 이연주 님께
깊은 감사를 전합니다.

다정하고 무해하게, 팔리는 콘텐츠를 만듭니다

초판 1쇄 인쇄 2022년 3월 31일 **초판 1쇄 발행** 2022년 4월 6일

지은이 옥성아·채한얼
펴낸이 이승현

편집1본부장 한수미
에세이1팀장 최유연
편집 최유연
디자인 김준영

펴낸곳 ㈜위즈덤하우스 **출판등록** 2000년 5월 23일 제13-1071호
주소 서울특별시 마포구 양화로 19 합정오피스빌딩 17층
전화 02) 2179-5600 **홈페이지** www.wisdomhouse.co.kr

ⓒ 옥성아·채한얼, 2022
ISBN 979-11-6812-068-6 03320